U0662745

海南开放大学校级精品课程系列成果

# 会计这么有趣：会计入门一本通

主编◎黄　静　王　勇

中国海洋大学出版社
·青岛·

**图书在版编目（CIP）数据**

会计这么有趣：会计入门一本通 / 黄静，王勇主编．
青岛：中国海洋大学出版社，2025．6．-- ISBN 978-7
-5670-4149-3

Ⅰ．F230

中国国家版本馆 CIP 数据核字第 2025WL5772 号

KUAIJI ZHEME YOUQU：KUAIJI RUMEN YIBENTONG

# 会计这么有趣：会计入门一本通

**出版发行** 中国海洋大学出版社
**社　　址** 青岛市香港东路23号
**邮政编码** 266071
**出 版 人** 刘文菁
**网　　址** http://pub.ouc.edu.cn
**电子信箱** 1922305382@qq.com
**订购电话** 0532-82032573（传真）
**责任编辑** 陈　琦　　**电　话** 0898-31563611
**印　　制** 海口景达鑫彩色印刷有限公司
**版　　次** 2025年6月第1版
**印　　次** 2025年6月第1次印刷
**成品尺寸** 185 mm × 260 mm
**印　　张** 14
**字　　数** 275千
**印　　数** 1—1000
**定　　价** 56.00元

发现印装质量问题，请致电 0898-66748506 调换。

# 前 言

会计是一门商业语言，它把商业活动中的价值交换忠实地记录下来，转化为会计的报告。会计能记录企业的资金运动，揭示资金缺口，提示风险，帮助企业应对变化。学习会计语言，就能读懂企业这本书。

然而，对于很多非财会人员和初学者来说，会计可能是一门枯燥乏味的学科，充满了复杂的概念和规则，难以理解和掌握。很多人对会计的印象是一堆无聊的数字和表格，一些难以记住的术语和公式，一些无法应用的理论和原则；并且认为会计与自己的生活和工作没有太大的关系，只是一种必须学习的知识，一种必须遵守的规范。

本书的写作目的，就是要改变这种印象，让会计变得有趣和有用，让读者能够从故事中学习会计的基础知识，感受会计的魅力和价值。本书采用了一种独特的教学方法，即通过生动有趣的小故事，引入和讲解会计的核心概念和原理，让读者在轻松愉快的阅读过程中，掌握会计的基本技能和方法，提高会计的素养和能力。本书的特色有以下几点。

1. 本书的故事都是根据真实的案例和情境改编而成，与读者的生活和工作密切相关。

2. 本书的故事都是围绕会计的核心问题展开，每个故事都包含了一个或多个会计的重要概念和原理，通过故事的情节和人物的对话，让读者能够直观地理解和记忆会计的知识，而不是死记硬背。

3. 本书的故事都是按照会计的逻辑顺序编排，从会计的基本概念和目标开始，逐步介绍会计的基本要素和方法，最后涉及会计的分析和应用，形成了一个完整的会计核算知识体系，让读者能够系统地学习会计的基础知识。

本书主要内容是会计核算的基本理论和应用，分“认识会计：会计是什么”“会计核算是什么之理论篇”“会计核算是什么之应用篇”“会计核算是什么之实操篇”4部分共8章。围绕会计核算的方法，按照会计核算的流程，从理论、应用到实操层层展开，在知识点讲解的同时，还有“小知识”“小课堂”“小问答”“注意”等模块，深入浅出，引人入胜。在每章末尾还列举了重点概念词，并附上练习题和拓展思考题，供读者复习巩固和思考。

本书是会计课程的入门教材，适合高校非财经类专业学生，以及任何对会计感兴趣或需要了解会计的读者。本书也可以作为一本会计课程的补充读物，甚至可以作为一本休闲读物，让读者在阅读中享受了解会计的乐趣，提升会计的水平。

希望本书能够成为您学习会计的好伙伴，让您感受到会计这么有趣！

本书第一章、第二章由黄静撰写，第三章由黄静和王勇共同撰写，第四章由黄静撰写，第五章由王勇撰写，第六章、第七章由黄静撰写，第八章由黄静和王勇共同撰写。全书结构框架的总体设计、内容审核和最终定稿由黄静完成。

限于我们的识见和能力，本书存在的疏漏在所难免，诚望读者、专家给予批评和指正。

黄 静　　王 勇

2024年12月

# 目 录

## 第一部分 认识会计：会计是什么


第一章 会计是什么——会计概述 ……3

第一节 会计的前世今生——会计发展史 ……4

第二节 揭开会计的面纱——会计的概念、目标和职能 ……8

第三节 会计大厦的地基——会计假设 ……14

第四节 欠钱也有理——记账基础 ……18

第五节 会计之车怎么开——会计方法 ……21


## 第二部分 会计核算是什么之理论篇


第二章 会计和谁打交道——会计对象及要素 ……49

第一节 会计和谁打交道——会计对象及要素概念 ……50

第二节 企业的根基——资产 ……52

第三节 借鸡生蛋——负债 ……56

第四节 企业权益的保障——所有者权益 ……58

第五节 企业生存的基础——收入 ……60

第六节 谁在掏空企业——费用 ……62

第七节 企业最终得到了什么——利润 ……63

第八节 会计平衡之美——会计等式 ……65

第三章 会计大厦的砖瓦——会计科目和账户 ……70

第一节 进入会计系统的通行证——会计科目 ……71

第二节 会计信息的“储存器”——账户 ……78

第四章 神奇的记账方法——借贷记账法 ……84

第一节 平衡的天平——借贷记账法账户 ……85

第二节 记账第一步——会计分录 ……94

第三节　记账第二步——试算平衡 ……98

## 第三部分　会计核算是什么之应用篇

**第五章　借贷记账法的应用——制造业企业业务核算** ……107
第一节　企业的起步——资金筹集业务的核算 ……109
第二节　巧妇难为无米之炊——采购业务的核算 ……117
第三节　生米变熟饭——生产过程的核算 ……121
第四节　王婆卖瓜——销售过程的核算 ……127
第五节　鼓鼓的腰包——利润形成与分配的核算 ……132

## 第四部分　会计核算是什么之实操篇

**第六章　真实的记录和桥梁——会计凭证和账簿** ……145
第一节　真实的记录——会计凭证 ……146
第二节　连接会计凭证和财务报表的桥梁——会计账簿 ……157
**第七章　会计呈现的成果——财务报告** ……163
第一节　财务报告概述 ……164
第二节　企业的家底——资产负债表 ……168
第三节　企业的盈亏——利润表 ……180
第四节　企业的生命之河——现金流量表 ……187
**第八章　会计的人和事儿——会计机构和人员** ……201
第一节　财务智囊团——会计机构和人员 ……202
第二节　财务灯塔——会计人员的职业道德 ……205
第三节　财务幻影——会计舞弊 ……208

**参考文献** ……216

# 第一部分
# 认识会计：会计是什么

# 第一章　会计是什么——会计概述

## 学习目标

（1）了解会计发展史；

（2）理解会计的含义；

（3）理解会计的目标和职能；

（4）掌握会计假设；

（5）掌握记账基础；

（6）掌握会计核算方法。

## 故事导入

在熙熙攘攘的南京新街口商圈，陈东明的明华便利店每天吸引着来来往往的顾客。店里的货架上摆满了琳琅满目的商品，从进口的巧克力到本地的特产，从冰凉的饮料到暖手的热水袋，应有尽有，顾客们总是满载而归。在收银台前，陈东明麻利地扫描着商品，收银机的“滴滴”声像是在演奏一首欢快的乐曲，陈东明的心里充满了成就感。

可就在这看似红火的生意背后，却隐藏着一些陈东明未曾察觉的问题。有一天，陈东明的表弟黄军华——一名资深的会计师，走进了店里，他的到来就像一阵风，吹开了小卖部隐藏在繁荣外表下的经营迷雾。

“东哥，你们店每个月的净利润大概有多少？”黄军华一边随意翻看着堆在收银台的消费小票，一边开口问道。

陈东明一脸懵懂地看着黄军华说：“我也就是知道每天卖东西能收多少钱，像昨天，光是卖饮料就收了两百多元。成本嘛，大概就是进货花的钱。比如啤酒，一箱进价60元，卖80元，这样就算能赚点。可你说的净利润，我真不太清楚，也没细算过，反正每天看着钱箱里的钱比前一天多，我就觉得还行。”

黄军华又问：“东哥，你们店每个月的水电费、租金这些开销有多少呢？”陈东明挠挠头，说：“水电费每个月有几百元吧，租金倒是清楚，每个月固定2 000元。这些开销我心里有点数，但也没仔细算过总和。我就是每天把卖东西收的钱数一数，再看看进货花了多少，收的钱和花的钱金额没有错就行。至于成本和利润怎么算，我真没弄明白过，只知道每天看着进账不少钱，心里就觉得踏实。”

黄军华没有停下，他走进仓库，眼前的景象让他不禁皱起了眉头：角落里堆着一箱箱临期却无人问津的饼干，这些饼干因为促销活动被低价处理，却依然占用了宝贵的仓库空间和资金；过季的促销赠品被随意丢弃在一旁，成了无人理会的“垃圾”；甚至连冰箱里那些已经损坏的冰袋，都未曾被计入损耗成本。

陈东明一直以为自己在赚钱，却没意识到这些隐藏的损失正在悄悄地吞噬他的利润。

其实，像陈东明这样的老板并不少见。很多街边小店的老板都只关注每天的流水，觉得生意好就行，却不知道如果不懂得用会计的方法来管理，就像在黑暗中走路，随时可能跌倒。会计并不难，它就像一把钥匙，能打开经营智慧的大门。通过会计，经营者可以清楚地知道每一笔钱的来龙去脉，合理规划成本和支出，让利润最大化。而《会计这么有趣：会计入门一本通》这本书，就是专门为想要学习会计知识的初学者准备的。它用一个个生动的小故事，带你轻松完成会计入门，让你也能像会计师一样，把生意打理得井井有条，让每一分钱都花得明明白白，赚得实实在在。

## 第一节　会计的前世今生——会计发展史

“会计”一词距今已有近3000年的历史。其中，“会”字象征着汇总之意，而“计”字则代表着计量与总和的概念。简而言之，会计就是对数字进行系统的汇总与精确的计量。会计的产生与发展，历经了4个显著的阶段。现在，让我们一起穿越时空，追溯会计的发展历程，见证会计的前世今生。

## 一、古代会计

从严格意义上讲，自旧石器时代中晚期至奴隶社会鼎盛时期，这一漫长历史阶段中出现的最原始的计量与记录行为并非真正意义上的会计行为与会计方法。当时的会计尚未形成独立的职业形态，而仅是生产职能的一个附带部分，是在生产过程的同时附带地对劳动成果、劳动耗费等事项进行记录。在会计的发展史上，这一时期被称为会计的萌芽阶段或原始计量与记录时代。随着劳动生产率的提高和人类社会的发展，生产有了剩余产品，人们为了积聚财富开始了交换，并有目的地节约耗费，实现收益的最大化。为了实现这一经营目标，人们认识到必须对生产经营活动进行系统的记录、计量、分析和比较，这时会计就从生产职能中分离了出来，成为一项特殊且独立的职能，这就是会计的产生，这个阶段通常称之为古代会计。

## 二、近代会计

近代会计阶段的代表性事件是复式记账制度的确立。1494年是会计发展史上极为辉煌的一年，这一年的11月10日，意大利数学家卢卡・帕乔利的著作《算术、几何、比及比例概要》（又称《数学大全》）在威尼斯出版发行。当时，这部由卢卡・帕乔利潜心研究多年的著作，不仅轰动了意大利数学界，而且引起了会计学界的关注。后世人们认为，这部著作不仅是意大利数学发展史和欧洲数学发展史的光辉篇章，而且开创了会计发展史的新纪元，是目前发现的人类最早关于复式簿记的文献。会计史学家认为，自从帕乔利《算术、几何、比及比例概要》一书问世，整个世界才从会计实务的研究中摆脱了出来，向着会计理论的研究方面发展，会计方能成为一门科学。卢卡・帕乔利复式簿记著作的出版，是近代会计发展史的第一个光辉的里程碑，他本人也因此被誉为“近代会计之父”。1854年爱丁堡会计师公会的成立，标志着会计成为专门的职业，是近代会计发展史的第二个里程碑。

帕乔利的复式簿记理论，深刻影响了欧洲商业实践，其中的借贷记账法随后经由贸易与殖民活动传入德、英、美、日等国，并在各国学者的理论创新与技术革新中持续完善，最终推动全球会计体系从经验记录迈向科学化与标准化，引发近代会计的重大变革。

## 三、现代会计

客观地说，“古代会计”“近代会计”的提法是不够严谨的，较为准确的提法应该是“古代簿记”“近代簿记”。由簿记时代向会计时代的转变发生在19世纪30年代末期。那时，bookkeeping（簿记）开始向accounting（会计）演变，簿记工作开始向会计工作演变，簿记学开始向会计学演变。从20世纪50年代开始至21世纪初可以被称为现代会计时期。第一次世界大战后，美国的经济实力超过了英国，随着资本主义竞争的加剧和股份公司的形成与发展，企业的规模越来越大。为了提高经济效益，加强对经济活动的控制，企业管理层对会计提出了新的要求——不仅要能进行事后的核算分析和调查，而且要能进行预测、决策及控制，因此在正在发展的会计基础上，分化出了管理会计。管理会计与财务会计成为会计的两大分支，标志着会计进入现代会计阶段。20世纪50年代起，电子计算机、互联网等科学技术成果在会计上得到了应用，引起了记账手段的伟大变革。由于电子计算技术的产生及发展，会计的预测、决策、控制、确认与计量、记录、报告和信息传输的手段也产生了飞跃，逐渐脱离了手工状态，与现代电子技术结合，出现了会计电算化的趋势。1985年我国颁布了《中华人民共和国会计法》，随后我国于2006年2月修订颁布了39项企业会计准则，实现了与国际财务报告准则的实质性趋同。进入21世纪以来，知识经济蓬勃兴起，世界经济融为一体，进一步推动了会计准则的全球趋同。

## 四、当代会计

人类社会发展进入21世纪以来，大数据、人工智能、移动互联、区块链等技术对会计职业产生了根本性的影响，催生出了大数据与会计、财务共享和智能财务等新态，会计由此迈入当代阶段。我们的会计实务工作必须适应新技术新要求，会计人员扮演的角色面临迭代升级。

会计的发展史既是人类实践活动的发展史，又是人类对会计认识的发展史和会计技术的进步史。会计不是一成不变的，而是与时俱进的，是随着社会生产的发展和经济管理的需要而不断发展的，经济越发展，会计越重要。

### 小知识

**我国最早的复式记账**

我国最早的复式记账是产生于明末清初（公元1600年前后）的“龙门账”，清代的“三脚账”（跛形账）、“四脚账”（天地合账），也为复式记账原理。

**“经济越发展，会计越重要”的来源**

马克思在《资本论》中指出“过程越是按社会的规模进行，越是失去纯粹个人的性质，作为对过程的控制和观念总结的登记就越是必要”“簿记对资本主义生产比对手工业和农业的分散生产更为必要，对公有生产比对资本主义生产更为必要”。这里讲的“簿记”指的就是会计，“过程”指的是再生产过程，故“经济越发展，会计越重要”这句话可以说是出自马克思这位大思想家。

## 小课堂

**会计机器人的出现会不会使会计行业消亡**

会计机器人的出现对会计行业产生了深远的影响，具体体现为：

一、会计机器人带来的变革

提高工作效率：会计机器人能够自动化处理大量重复性高、烦琐的会计工作，如数据录入、凭证生成、报表编制，从而显著提高工作效率。

降低错误率：机器人操作具有高度的准确性和一致性，能够显著减少人为错误的发生，提高会计工作的质量。

改变工作模式：随着会计机器人的普及，会计工作模式将逐渐从传统的手工操作向自动化、智能化转变，会计人员将更多地从事数据分析、决策支持等高端工作。

二、会计行业不会消亡的原因

会计工作的核心价值未变：无论技术如何发展，会计工作的核心价值——提供准确、可靠的财务信息，支持企业决策和监管要求始终未变。会计机器人只是工具，无法完全替代会计人员的专业判断和经验。

复合型会计人才的需求增加：随着会计机器人的应用，市场对既懂会计又懂技术的复合型会计人才的需求将大幅增加。这些人才将能够充分利用会计机器人的优势，为企业创造更大的价值。

行业规范与监管要求：会计行业受到严格的规范和监管，包括税法、会计准则等法律法规的约束。会计人员需要不断学习和更新知识，以适应行业发展的需求。因此，会计行业不会因为机器人的出现而消亡，反而会更加注重人才的培养和发展。

三、会计行业的未来趋势

数字化转型：会计行业将加速数字化转型，利用云计算、大数据、人工智能等先进技术提升工作效率和质量。

专业化分工：随着会计工作的细化，会计人员将更加注重专业化发展，形成不同的专业领域和岗位分工。

跨界融合：会计行业将与其他行业进行跨界融合，如与金融、法律、信息技术领域的合作将更加紧密。

综上所述，会计机器人的出现不会使会计行业消亡，反而将推动会计行业的转型升级和高质量发展。会计人员需要不断学习并提升自身能力，以适应行业发展的新需求。

## 第二节 揭开会计的面纱——会计的概念、目标和职能

### 一、会计的概念

什么是会计？在很多人眼里会计是一个很神秘很枯燥的东西，有的人可能一提到会计想到的是一个严肃的小老头戴着老花镜打着算盘写写算算的画面；有的人可能拿到一个企业的会计报告一看上面全是数字觉得根本看不懂。在我们开始学习会计的一些基本知识之前，我们先来看一段关于会计含义的对话：

甲、乙、丙、丁是4个好伙伴，有一次在聚会时，一通天南海北之后，聊起了“什么是会计”这一话题，他们各执一词，谁也说服不了谁。

甲：什么是会计？这还不简单，会计就是指一个人，比如，刘会计是我们公司的会计人员，这里的会计不是人是什么？

乙：不对，会计不是指人，会计是指一项工作，比如我们常常这样问一个人：“你在公司做什么？”他说：“我在公司当会计。”这里的会计当然是指会计工作了。

丙：会计不是指一项工作，也不是指一个人，而是指一个部门、一个机构，即会计机构。你们看，每个公司都有一个会计部，或者会计处什么的，这里的会计就是指会计部门，显然是一个机构。

丁：你们都错了，会计既不是一个人，也不是一项工作，更不是指一个机构，

而是指一门学科，我弟弟就是学会计的，他当然是去学一门学科。

那到底什么是会计呢？

随着社会经济的发展，会计的内涵和外延都在不断地丰富和发展。因此对现代会计的认识目前尚无一致的说法。我们从众多观点中概括起来主要有以下几种。

一是管理活动论。这种观点认为会计是通过收集处理和利用经济信息对经济活动进行组织控制、调节和指导的一种重要的经济管理活动。

二是信息系统论。这种观点认为会计是旨在提高经济效益、加强经营管理，从而在每一个会计单位范围内建立的一个以提供财务信息为主的经济信息系统。

三是其他理论。比如控制系统论，认为现代会计是一个以货币形式，按公认标准来认定和解除受托责任完成情况的经济控制系统。比如艺术论，这种观点起源于较早期的西方约定俗成的一种看法，持这种观点的人认为会计是对经济数据进行分析和解释的一种方法和技巧。美国人认为会计是用独特的方式，以货币对至少部分具有财务特征的交易和事项进行记录分类和汇总，并对结果予以解释的艺术。还有学者认为会计是一门商业语言，就和英语一样，只不过会计是适用于商业环境。此外，在出现公司财务舞弊丑闻时，有人据此提出会计是一门魔术，且早在沙皇俄国时期，就有人将会计员叫作善于写算和会耍魔术的人。除了魔术论之外，以上几种观点各有其可取之处。

现代人博采众长，将会计的概念定义为：会计是以货币为主要计量单位，运用一系列专门方法，对企事业单位经济活动进行连续、系统、全面、综合的核算和监督，并在此基础上对经济活动进行分析、预测和控制，以提高经济效益的一种管理活动。

## 小知识

### 拜拜祖师爷大禹

《史记·夏本纪》载：“禹会诸侯江南，计功而崩，因葬焉，命曰会稽。会稽者，会计也。”约4000年前大禹在江南召开的稽核诸侯功绩的大会，可以说是中国历史乃至世界历史上第一次会计、审计工作大会。可见，大禹是会计的祖师爷。大禹在会后病故，就地葬在了山上，诸侯们经过集体研究，将此山正式命名为“会稽山”。

**孔子是一名优秀的会计**

孔子从事的第一份工作是会计——他在鲁国的权臣季孙氏门下，做了一名仓库小委吏，实际上就是仓库保管会计。他整天守在仓库里，收货发货，记账算账，毫无怨言，且毫无差错。他讲的“会计当而已矣”是中国有史以来第一句会计格言。这句格言，用今天的会计理论来解读，就是要求会计人员在核算经济业务的时候，数字记录要做到真实、合理，让人能正确地理解。会计工作要防止弄虚作假和发生差错，否则相关人员一定会受到相关法律或行业规章的制裁与惩处。

**中国第一位会计师**

谢霖（1885—1969），日本早稻田大学毕业获商学学士学位，率先在中国使用国际通行的借贷记账法。1918年9月取得农商部颁发的第1号会计师证书，是中国的执业会计师制度的引进者和奠基人。

**中国第一位女会计师**

张蕙生（1894—1982），中国会计界的一代女杰，上海人，因父母受“女子无才便是德”思想的影响，她从小囿于闺中。1912年，18岁的她才得以进入女子学校就读。1920年8月，她漂洋过海进入加利福尼亚大学度过了为期7年的留学生活。1930年，她取得会计师执照，成为我国第一位女会计师。

## 小问答

问：什么是经济？什么是管理活动？

答：经济就是市场上无数交易的总和，而交易就是买方使用货币或信用向卖方交换商品、服务或金融资产，比如每次买东西就是进行一笔交易。一个市场由买卖同一种商品的所有买方和卖方组成，例如小麦市场、汽车市场、股票市场和千百万种其他市场，经济就是由所有市场内的全部交易构成。

管理活动有两个特点。首先从管理形式来看，管理活动以货币为主要计量单位，主要进行价值形式的管理。比如企业购入两台设备价值10万元，这里两台就是实物计量单位，10万元则是货币计量单位，企业既要进行实物管理，也要进行价值管理。会计主要以价值管理为主。其次从管理内容来看，管理活动的内容是企业发生的交易或事项，即企业内部的价值转移和企业之间的价值交换，所以说管理活动的内容可以被称为经济活动。

### 小课堂

**企业做的3件事**

人们常说一个企业会发生各种各样的事情，每天都会有很多交易，而从会计的视角来看，其实一个企业只做3件事情。哪3件事呢？就是融资、投资、经营。这些事情在企业里又是如何发生的？我们来设想一下，如果我新开一家公司，要做的第一件事是什么？筹钱！所以说，所有企业都是从一笔钱开始的。作为企业总不能把钱放在那儿不动——企业最主要的目的是什么？赚钱，让钱生钱！如果我开的是一家工厂，应该如何用这些钱？我可能首先需要盖厂房、买设备，然后需要把基础设施建设好。等到正式进行生产经营活动时，我们要干什么？我们先要去买原材料、雇工人。然后有了原材料，有了工人，有了厂房设备，我们就可以生产产品了。等到我们把这些产品生产出来，当然就要去卖这些产品来赚钱。然后我们拿赚到的钱去干什么？要不就去给银行还债，要不就去给股东分红。因此，所有的企业，不管是什么行业的，在不同的发展阶段，我们都可以把它抽象成是这样一个过程，一个从现金开始转了一圈，又回到现金的过程。这个过程周而复始，循环往复。在整个过程当中，融资、投资、经营这3项活动，都已经发生了。是不是这样的呢？我们再来看一下：首先我们设立公司的时候，要到银行借钱，或者让别人把钱投放到公司来。这个过程叫什么？我们叫融资活动。接下来我们拿这笔钱去干什么了？去盖厂房、买设备，以后可能还会拿这笔钱去投资别的公司，去参股，去跟别人组建合资企业或者建一个子公司。这个过程叫什么？这叫投资活动。那我们每天在做的事是什么呢？我们每天都需要采购原材料、生产产品、销售产品、回收货款等，这些事情天天都在进行，这一过程叫经营活动。所以，我们说在这个从现金开始，转了一圈又回到现金的循环过程中，我们的3项活动——融资、投资和经营，它们也在随之循环。所以说，一个企业只做3件事——融资、投资和经营，这就是企业的3项经济活动。

## 二、会计的目标

会计目标是会计工作中追求的具体目标和达到的效果，它规定了会计工作应完成的任务或达到的标准。会计目标在于确保企业财务信息的准确性和可靠性，为企业的决策提供支持，并符合相关法律法规的要求。

会计作为一种经济管理活动，它通过对经济活动的记录、分类、汇总、报告等过程，向信息使用者提供真实、准确、完整、及时的信息。这些信息使用者包括企业内部的管理者、投资者、债权人、政府部门等。他们利用这些信息来作出合理的经济决策，比如评估企业的经营状况、预测未来的发展趋势、制定投资策略。而且，会计目标还强调反映企业管理层受托责任的履行情况。企业管理层需要对企业的经济活动负责，并向股东、债权人等利益相关者报告其受托责任的履行情况。会计系统通过提供相关的财务信息，能帮助利益相关者更好地了解企业管理层的经营成果。此外，从更宏观的角度看，会计目标旨在规范会计行为，确保会计资料的真实性和完整性。这样不仅能加强经济管理和财务管理，推动经济效益的提升，还能有效维护市场经济秩序。因此，会计的目标不是简单的记账和算账，它承载着为信息使用者提供决策支持、反映受托责任、加强经济管理和维护市场秩序等使命。我国《企业会计准则——基本准则》中对会计报告目标的表述是：向财务会计报告使用者提供与企业财务状况、经营成果和现金流量等有关的会计信息，反映企业管理层受托责任履行情况，有助于财务报告使用者作出经济决策。

会计的目标就是实现对财产的有效管理。在所有权和经营权相分离的情况下，会计活动是一种对财产的管理活动，而对执行会计工作的人员来讲，会计活动是对他人财产的管理活动。作为管理者的会计人员，在接受财产所有者的委托后实施财务管理，而会计的信息提供则是其完成受托责任的基本方式或手段。所以说，会计根本性的目标就是在所有权和经营权相分离的条件下，完成受托责任。

需要指出的是，随着社会的发展，会计的受托责任已经不仅仅限于对所有者的财产委托，其责任范围和责任对象有了很大的扩展，如近年来备受关注的对环境保护的责任、对社会公众的责任。此外，会计从只提供过去的信息发展到重视提供将来的信息，实质上也是其履行受托责任的深化和扩展。因此，应当对会计的受托责任有全面的理解，充分认识会计目标内涵的丰富性。

## 三、会计的职能

会计职能是指会计在经济管理过程中所具有的功能和作用，它体现了会计模式在运行过程中所产生的有利影响，包括对宏观经济发展和微观企业经营的促进作用。目前通常将会计职能分为两类，包括基本职能和参与经营决策的职能。

### （一）会计的基本职能

会计有两大基本职能：会计的核算职能和会计的监督职能。

1. 会计的核算职能

会计的核算职能也称为反映职能，是指会计以货币为主要计量单位，对特定主体的经济活动进行确认、计量和报告。通俗地讲就是记账、算账和报账。它的特点表现为会计信息具有可比性、客观性、可验证性、连续性和综合性。会计核算贯穿于经济活动的全过程，核算职能是会计的核心职能，也是会计最原始最基本的职能，是其他职能的基础。核算职能主要包括款项和有价证券的收付，财物的收发、增减和使用，债权、债务的发生和结算，资本、基金的增减，收入、支出、费用、成本的计算，财务成果的计算和处理，需要办理会计手续、进行会计核算的其他事项等内容。

2. 会计的监督职能

在生产力水平较低的时代，财务会计以核算反映为主；而在生产力水平和管理要求较高的时代，仅进行核算反映已不能满足生产经营管理的需求，还必须对生产经营进行监督。监督职能也称为控制职能，是指会计人员在进行会计核算的同时，对特定主体经济业务的真实性、合法性和合理性进行审查的功能。会计监督通过预测、决策、控制、分析和考评等具体方法，促使经济活动按照既定的要求运行，以达到预期的目的。会计监督的内容，是从本单位经济效益出发，对经济活动的合理性、合法性、真实性、正确性、有效性进行的全面监督。会计监督的目的在于改善经营或预算管理，维护国家财政制度和财务制度，保护社会公共财产，合理使用资金，促进增产节约，提高经济效益。通俗地讲，监督职能就是事前控制、事中控制和事后控制，从头到尾防止企业背离其经营目标。它的特点表现为会计控制具有强制性、严肃性、事实性、连续性、全面性以及综合性。

会计的核算和监督这两个基本职能是密切联系、相辅相成的。会计的核算职能是会计的监督职能的基础；会计的监督职能既是对会计的核算职能所提供的信息的利用，又贯穿会计的核算的全过程。

**（二）会计的参与经营决策的职能**

随着经济的发展和管理科学的进步，人们对会计的要求不仅仅是记账算账、监督控制了，会计逐渐从单纯的信息加工和传递转变为参与企业的经营决策，由此拓展出了新的职能，统称为参与经营决策职能。会计人员通过提供财务分析、预算编制、绩效评价等信息，为管理层提供决策支持，帮助企业实现经济效益最大化。随着信息技术的飞速发展，会计职能也在不断地拓展和深化。会计信息系统的建设和应用，使得会计信息的处理更加高效、准确和及时。同时，人工智能、大数据等技术的应用也为会计职能的深化提供了新的可能性和方向。在全球经济一体化的背景下，各国之间的经济交流日益频繁，为了适应这种趋势，各国会计准则和会计制度也在不断地趋同和融合。这使得会计职能在国际范围内具有更加统一和可比的标准，有助于促进国际的经济合作和交流。

### 小问答

问：会计的核算职能和监督职能是什么关系？

答：会计的核算犹如记录经济活动的“记事员”，将每笔收支、资产负债变化详细记录在案；而会计的监督则像严谨的“质检员”，依据法规与准则审查核算内容。例如，一家小型便利店在进货时，记录货品数量、金额是核算（记账），检查是否超出预算、有无浪费是监督（审核）；在销售时，记录销售额和成本是核算，核实收入是否合理、收款是否到账是监督。会计的核算职能和监督职能相辅相成，核算为监督提供数据支撑，监督保障核算数据真实合规，共同守护财务健康。

## 第三节　会计大厦的地基——会计假设

### 一、会计假设的概念

会计核算的对象是资金运动，而在市场经济条件下，经济活动的复杂性决定了资金运动也是一个复杂过程，因此，面对变化不定的经济环境，摆在会计人员面前的一系列问题必须首先得到解决。例如，会计核算的范围有多大，会计为谁核算、给谁记账；会计核算的资金运动能否持续不断地进行下去；会计应该在什么时候记账、算账、报账；在核算过程中应该采用什么计量手段，这些都是进行会计核算工作的前提条件。

会计假设是会计核算的基本前提，指为了保证会计工作的正常进行和会计信息的质量，对会计核算的范围、内容、基本程序和方法所作的合理设定。会计假设是人们在长期的会计实践中逐步认识和总结形成的。离开了会计假设，会计活动就失去了确认、计量的基础，会计工作就会陷入混乱甚至难以进行。

### 二、会计假设的内容

结合我国实际情况，企业在组织会计核算时应遵循的会计假设包括会计主体假设、持续经营假设、会计分期假设、货币计量假设。

### （一）会计主体假设

会计主体是会计工作为其服务的特定单位或组织。会计主体假设是指会计核算应当以企业发生的各项经济业务为对象，记录和反映企业本身的各项经济活动。也就是说，会计核算是反映一个特定企业的经济业务，只记本主体的账。尽管企业本身的经济活动总是与其他企业、单位或个人的经济活动相联系，但对于会计来说，其核算的范围既不包括企业所有者本人，也不包括其他企业的经济活动。会计主体假设明确了会计工作的空间范围。

会计主体假设是持续经营、会计分期假设和其他会计核算基础的基础，因为，如果不划定会计的空间范围，会计核算工作就无法进行，指导会计核算工作的有关要求也就失去了存在的意义。

#### 小问答

问：会计主体与法律主体是不是同一概念？

答：一般来说，法律主体必然是会计主体，但会计主体不一定就是法律主体。会计主体可以是一个有法人资格的企业，也可以是由若干家企业通过控股关系组织起来的集团公司，还可以是企业下属的二级核算单位。独资、合伙形式的企业都可以作为会计主体，但都不是法律主体。

#### 小知识

有3个学生住店，为了省钱AA制拼房，每个人交了100元钱。老板知道后动了恻隐之心，说："退他们50元吧。"收银员拿出5张10元的纸币准备退钱："3个人分50元，要出现零头，不好分。"于是擅作主张，把2张10元装进了自己口袋，退给学生每人10元。所以，每个学生实际上付了90元，总共是270元，收银员私吞了20元，加起来是290元。但是，开始的时候明明是300元，有10元跑哪儿去了？

在这个故事里，实际上是3个主体：老板、学生和揩油的收银员。学生支付的270元跟收银员私吞的20元不可以相加，因为主体不同，不能归为一类。只有老板实收的250元与收银员私吞的20元可以相加，得到的结果就是学生实际上支付的270元。

### （二）持续经营假设

持续经营是指会计主体的生产经营活动将无限期地延续下去，在可以预见的未来不会因破产、清算、解散等原因而不复存在。持续经营假设是指会计核算应当以企业持续、正常的生产经营活动为前提，而不考虑企业是否破产清算等，在此前提下选择会计程序及会计处理方法，进行会计核算。尽管客观上企业会由于市场经济的竞争而面临被淘汰的危险，但只有假定作为会计主体的企业是持续、正常经营，会计的有关要求和会计程序及方法才有可能建立在非清算的基础之上，不采用破产清算的一套处理方法，这样才能保持会计信息处理的一致性和稳定性。持续经营假设明确了会计工作的时间范围。

会计核算所使用的一系列方法和遵循的有关要求都是建立在会计主体持续经营的基础之上的。例如，只有在持续经营的前提下，企业的资产和负债才能区分为流动的和非流动的；企业对收入、费用的确认才能采用权责发生制；企业才有必要确立会计分期假设和配比、划分收益性支出和资本性支出、历史成本等会计确认以及计量要求。

#### 小问答

问：我们经常听到公司破产老板跑路的新闻，就是自家小区周围的餐馆，也动不动就关门停业了，持续经营假设难道就不允许关门了吗？

答："持续经营假设"这一前提带有最明显的假定成分，这是显而易见的。每年破产的企业不计其数，在现实当中，若企业不能持续经营，就需要放弃这一假设，进入破产或者重组的会计程序，也就进入了会计学科中的高级财务会计的范畴。

### （三）会计分期假设

会计分期是指把企业持续不断的生产经营过程划分为较短的、相对等距的会计期间。会计分期假设的目的在于通过会计期间的划分，分期结算账目，按期编制财务报告，从而及时地向有关方面提供反映财务状况和经营成果的会计信息，满足有关方面的需要。从理论上来说，在企业持续经营的情况下，要反映企业的财务状况和经营成果，只有等到企业所有的生产经营活动结束后，才能通过收入和费用的归集与比较，进行准确的计算，但那时提供的会计信息已经失去了应有的作用，因此，必须人为地将这个过程划分为较短的会计期间。

会计分期假设是对会计工作时间范围的具体划分，主要是确定会计年度。各国所采用的会计年度一般都与本国的财政年度相同。我国以公历年度作为会计年度，即从公历的1月1日至12月31日为一个会计年度。会计年度确定后，一般按日历确定会计半年度、会计季度和会计月度。其中，凡是短于一个完整的会计年度的报告期间均称为中期。

有了会计分期，才产生了本期与非本期的区别，才产生了收付实现制和权责发生制，以及划分收益性支出和资本性支出、配比等要求。只有正确地划分会计期间，才能准确地提供财务状况和经营成果的资料，才能进行会计信息的对比。

**（四）货币计量假设**

货币计量是指企业在会计核算中要以货币作为统一的计量单位，记录和反映企业生产经营过程和经营成果。企业的经济业务纷繁复杂，必须用一个统一的计量尺度综合反映会计主体的各项经济活动。如计算企业资产时，厂房、设备、材料和现金等用实物计量单位无法相加，但如果用货币计量就可以做到。企业使用的计量单位较多，为了全面、综合地反映企业的生产经营活动，会计核算客观上需要一种统一的计量单位作为计量尺度。货币作为商品的一般等价物，能用来计量一切资产、负债和所有者权益，以及收入、费用和利润。因此，会计必须以货币计量为前提。其他计量单位，如实物、劳动工时，在会计核算中也要使用，但不占主要地位。

在我国，要求企业对所有经济业务采用同一种货币作为统一尺度来进行计量。若企业的经济业务用两种以上的货币计量，应该选用一种作为基准，称为记账本位币。记账本位币以外的货币则称为外币。我国有关会计法规规定，企业会计核算以人民币为记账本位币。业务收支以人民币以外的其他货币为主的企业，也可以选定该种货币作为记账本位币，但编制的会计报表应当最终折算为人民币反映。

**注意！**

任何科学都必须有假设，会计作为一门科学也有其假设。会计主体、持续经营、会计分期和货币计量4个假设，分别为会计核算提供了空间范围、正常环境、时间范围和计量手段。如果没有会计假设，现代会计的一系列原则、方法都必须重新构建。

## 第四节　欠钱也有理——记账基础

首先思考以下两道例题：

例1. 升达公司2023年4月10日销售产品，价款8万元，5月20日收到货款存入银行，这8万元是哪个月的收入？

A同学认为是5月的收入，因为5月收到了货款。而B同学认为是4月的收入，因为4月已经卖了产品，且所有权已经转移。

例2. 升达公司2023年12月31日租入货车两年，同日支付两年租金2.4万元，这2.4万元是哪年的费用？是2023年的费用，还是2024年至2025年的费用？

A同学认为是2023年的费用，因为是2023年付款了。而B同学认为是2024年至2025年各月的费用，因为租期是两年，应当由这两年各月分担。

为什么A同学和B同学会产生认识差异？如何解决他们之间的分歧呢？

由于持续经营假设和会计分期假设的存在，在实践中往往出现企业交易或者事项的发生与相关货币资金的收支的时间不在同一会计期间的情况。比如说本月销售的商品，货款要下月才能收到；还有年初一次性支付了半年的租金的情况。这就产生了如何确认、计量和报告各相关会计期间的收入费用问题，也就是会计的记账基础的问题。对此有两种处理方法，就是权责发生制和收付实现制。

### 一、权责发生制

#### （一）含义

权责发生制（应收应付制或应计制）是以是否取得收到现金的权利或发生支付现金的责任（即权责的发生）为标志来确认本期收入和费用以及债权和债务，而不是以款项的实际收付作为记账的基础。简称为“认事不认钱”。

#### （二）特点

凡是当期已经实现的收入，无论款项是否收到，都应当作为当期的收入；当期已经发生或应当负担的费用，无论款项是否支付，都应当作为当期的费用。凡是不属于当期的收入，即使款项已在当期收到，也不应当作为当期的收入；不属于当期的费用，即使款项已在当期支付，也不应当作为当期的费用。

所以，在权责发生制下，例1中的8万元是4月的收入；例2中的两年租金2.4

万元应该由2024、2025年各月来分摊，即每月的租金是1 000元（24 000/2/12）。

### （三）适用范围

权责发生制适用于营利单位，如企业。

## 二、收付实现制

### （一）含义

收付实现制又称现收现付制或现金制，它以实际收到或支付现金的时间来确认各会计期间的收入、费用。简称为“认钱不认事”。

### （二）特点

凡是当期收到的现金，就作为当期收入；当期支付的现金，就作为当期的费用。凡是当期没有实际收到现金，就不计入当期收入；当期没有实际付出现金，就不计入当期的费用。

所以，在收付实现制下，例1中的8万元是5月的收入，因为是5月收到了银行存款；例2中的2.4万元是2023年12月的费用，因为是在2023年12月支付的。

### （三）适用范围

收付实现制适用于非营利单位，如行政单位。

权责发生制和收付实现制的区别如表1-1所示。

**表1-1　权责发生制和收付实现制的区别**

| | 权责发生制 | 收付实现制 |
| --- | --- | --- |
| 别称 | 应收应付制(应计制) | 现收现付制(现金制) |
| 收入费用标准 | 以收入取得权利的形成为标准,确定本期收入,不论款项是否收到<br>以费用承担责任的发生为标准,确定本期费用,不论款项是否支付 | 以收到现金为标准,确定本期收入;以支付现金为标准,确定本期费用 |
| 收入确认时间 | 发生收入的期间 | 实际收到现款的期间 |
| 费用确认时间 | 费用所产生的期间 | 实际支付现款的期间 |
| 对损益影响 | 使本期的收入与费用合理配比,盈亏计算准确 | 不能使本期的收入与费用合理配比,盈亏计算不准确 |
| 使用科目 | 存在预提和待摊 | 不存在预提和待摊 |
| 报表编制基础 | 资产负债表和利润表 | 现金流量表 |
| 适用范围 | 财务会计核算 | 预算会计核算 |

## 三、权责发生制和收付实现制利润计算举例

A公司2024年1月在权责发生制和收付实现制下收入和费用确认情况如表1–2所示。

**表1–2　权责发生制和收付实现制收入和费用确认表**

| 经济业务 | 权责发生制 | | 收付实现制 | |
|---|---|---|---|---|
| | 收入 | 费用 | 收入 | 费用 |
| 本月销售产品一批，售价50 000元，按合同下月收回货款 | 50 000 | | 不确认 | |
| 本月收回客户上月所欠的货款20 000元 | 不确认 | | 20 000 | |
| 根据销售合同规定收到某客户的购货定金40 000元，款项已经存入银行 | 不确认 | | 40 000 | |
| 以银行存款支付本季度短期借款利息9 000元 | | 9 000/3=3 000 | | 9 000 |
| 以银行存款支付下一年财产保险费12 000元 | | 不确认 | | 12 000 |
| 计算确定本月管理部门应负担的设备租金2 000元 | | 2 000 | | 不确认 |
| 合计 | 50 000 | 5 000 | 60 000 | 21 000 |

通过利润=收入－费用计算得到：

在权责发生制下，A公司1月的利润为50 000－5 000=45 000元；

在收付实现制下，A公司1月的利润为60 000－21 000=39 000元。

由此可见，两种方法计算的1月的利润不一样。收付实现制方法简单、直观，不需要复杂的会计基础知识，但本期的收入和费用缺乏合理配比，所计算的财务成果也不够准确，不能反映企业的真实财务状况。权责发生制能使各个期间的收入和费用实现合理配比，所计量的财务成果也比较正确。所以说，权责发生制能够提供更具相关性的会计信息，更有利于利用会计信息来进行决策。但权责发生制在每个会计期末要对各项跨期收支作出调整，核算手续较为麻烦，因为没有对应真正的现金收付，容易被用作虚增收入或少算费用的财务造假手段。

我国《企业会计准则——基本准则》规定，企业应当以权责发生制作为会计记账基础。我国《事业单位会计准则》规定，事业单位会计核算一般采用收付实现制。我国《政府会计准则——基本准则》规定，政府会计由预算会计和财务会计构成，预算会计实行收付实现制，财务会计实行权责发生制。

**小问答**

问：什么情况下，权责发生制方法和收付实现制方法计算出的利润相同？

答：在企业收入和费用的发生，与现金收付时间完全同步，都发生在同一个会计期间时。也就是企业不赊销、不赊购、不预收、不预付。

**注意！**

收入不一定是现金

在本质上，现金和收入是两个不同的概念。这背后代表的是两种记账原则——权责发生制和收付实现制的区别。收付实现制，记录收入、费用都以现金的进出为标准，收入就是收到的现金。权责发生制，根据商业活动发生时权利责任的转移来记录收入和费用，不管现金是否收到或付出，收入不一定是现金。权责发生制看重的是交易的实质，能提供更完整、真实的商业信息。

## 第五节　会计之车怎么开——会计方法

会计履行职能、实现目标具有一套较为完整的专门方法，掌握会计方法是会计工作的第一步。会计方法由会计的核算、检查、分析、预测、决策和控制等方法组成。其中，会计核算方法是会计信息的基础，会计监督检查方法是会计质量的保证，会计分析方法是会计信息利用的前提，会计预测和决策方法是会计随着生产力的发展和管理要求的提高而延伸和发展出来的新方法。

会计核算方法是对各单位已发生的经济活动进行完整的、连续的、系统的核算所应用的方法，它是最基本的会计方法，其他的方法都是在会计核算的基础上进行的。会计核算方法如图1-1所示。

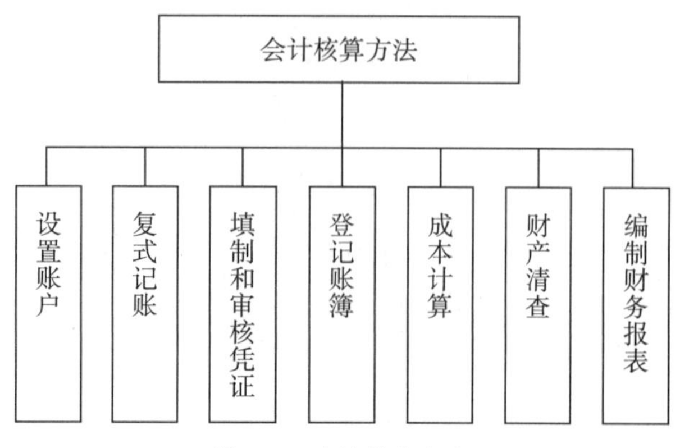


图1-1　会计核算方法

经济业务发生后，一切核算都必须在事先规定的分类核算项目内进行，这就是设置会计账户；接着，要同时在两个或两个以上相互联系的账户中进行登记，这就是复式记账；再将这种登记记录在专门的载体上，以保证会计记录有根有据，明确经济责任，这就是填制和审核凭证；然后，以凭证为依据，在账簿上按时间顺序连续、完整、系统地记录，这就是登记账簿。此外，要将费用按一定的对象和标准进行归集分配，这就是成本计算；还要盘点实物，核对账目，查明财产物资和资金的实有数额，这就是财产清查。最后定期以报表的形式将核算的结果对外报告，总括地反映企业经济活动和财务收支情况，这就编制财务报表。

填制和审核凭证、登记账簿和编制财务报表是反映会计信息的基本过程和手段，而设置会计账户、复式记账、成本计算、财产清查则是为完成填制凭证、登记账簿、编制报表服务的。会计核算的7种方法相互联系、密切配合，构成了完整的会计核算方法体系。

审核原始凭证→填制记账凭证→登记会计账簿→定期对账、财产清查→结账、编制会计报表，这些环环相扣的步骤，如此周而复始，就是会计学上所称的会计循环，如图1-2所示。

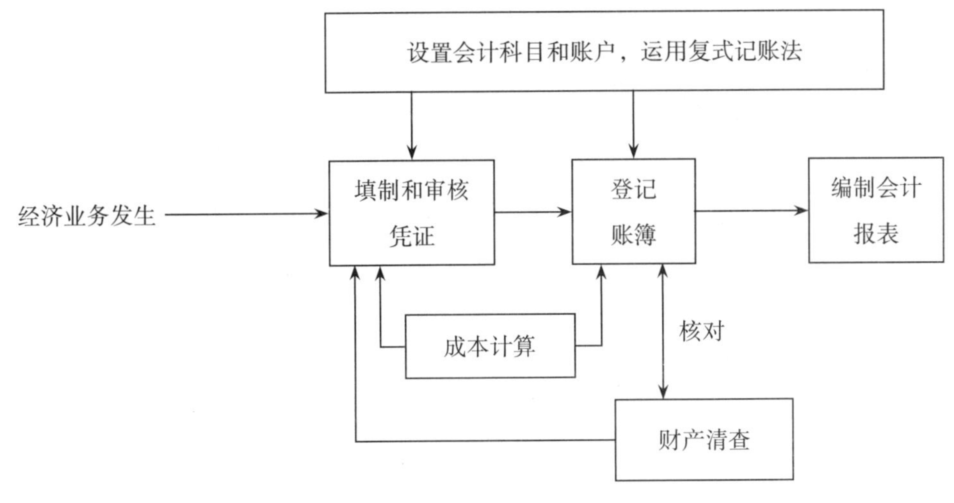


图1-2　会计循环

由此可见，会计循环是对会计要素进行确认、计量、记录和报告的全过程，也是会计核算方法的具体体现和应用。

## 小课堂

### 会计核算快速入门：11个经济业务学记账

公司背景：2023年12月晨光制造有限公司正式成立。

行业类型：专注于汽车零部件的制造。

经营范围：生产、销售汽车零部件，并提供相关技术服务。

该公司财务会计管理部门的内部分工如下：记账凭证填制人李明、记账凭证审核人张莉、记账人王海、会计主管潘小芳，其余岗位略。

下面以记账、对账和结账、编制财务报表3个部分阐释该公司在设立当月所进行的会计核算处理。

一、记账

例1. 12月1日，公司收到投资800万元，存入银行。

会计处理：会计人员根据银行出具的收款证明、验资报告等原始凭证，填制第1号记账凭证，如图1-3所示，将原始凭证附于其后（本书以下各例记账时填制的记账凭证，其后均附上原始凭证，此后不再赘述）。

总账记账人员根据记账凭证在总账账簿两个账户中进行登记，如图1-4、图1-5所示。根据记账凭证登记账簿的行为俗称“过账”。过账之后，可以在记账凭证中以“√”标注，以免漏记或重记。

# 记　账　凭　证

2023年　　12月　　1日　　第　1　号

| 摘要 | 总账科目 | 明细科目 | 借方金额（千百十万千百十元角分） | √ | 贷方金额（千百十万千百十元角分） | √ |
|---|---|---|---|---|---|---|
| 收到投资 | 银行存款 | | 800000000 | √ | | |
| | 实收资本 | | | | 800000000 | √ |
| | | | | | | |
| | | | | | | |
| | | | | | | |
| | | | | | | |
| 合　计 | | | 800000000 | | 800000000 | |

页次　附凭证　张

主管：潘小芳　　记账：王海　　审核：张莉　　制单：李明

图1-3　第1号记账凭证

## 总　　账

订本第 1 页

会计科目编号

2023 年度　　会计科目名称 银行存款

| 月 | 日 | 凭证编号 | 摘要 | 借方金额（亿千百十万千百十元角分） | √ | 贷方金额（亿千百十万千百十元角分） | √ | 借或贷 | 余额（亿千百十万千百十元角分） | √ |
|---|---|---|---|---|---|---|---|---|---|---|
| 12 | 1 | 1 | 收到投资 | 800000000 | | | | | | |
| | | | | | | | | | | |
| | | | | | | | | | | |
| | | | | | | | | | | |
| | | | | | | | | | | |

图1-4　登记“银行存款”总账

## 总　　账

订本第 6 页

会计科目编号

2023 年度　　会计科目名称 实收资本

| 月 | 日 | 凭证编号 | 摘要 | 借方金额（亿千百十万千百十元角分） | √ | 贷方金额（亿千百十万千百十元角分） | √ | 借或贷 | 余额（亿千百十万千百十元角分） | √ |
|---|---|---|---|---|---|---|---|---|---|---|
| 12 | 1 | 1 | 收到投资 | | | 800000000 | | | | |
| | | | | | | | | | | |
| | | | | | | | | | | |

图1-5　登记“实收资本”总账

出纳员根据记账凭证在银行存款日记账中进行记载（以下凡涉及库存现金、银行存款的业务，在登记总账的同时，一律在日记账中进行相应的记载，不再赘述）。

例2. 12月6日，公司动用银行存款购入生产线及辅助设备，总计300万元，其中，生产线220万元，辅助设备80万元。

会计处理：会计人员根据发票、合同、付款证明等原始凭证，填制第2号记账凭证，如图1-6所示。

# 记　账　凭　证

2023年　　12月　　6日　　　　第 2 号

| 摘　要 | 科　目 |  | 借方金额（千百十万千百十元角分） | ✓ | 贷方金额（千百十万千百十元角分） | ✓ | 页次 |
|---|---|---|---|---|---|---|---|
|  | 总账科目 | 明细科目 |  |  |  |  |  |
| 银行存款购入生产线及辅助设备 | 固定资产 | 生产线 | 220000000 | √ |  |  |  |
|  | 固定资产 | 辅助设备 | 80000000 | √ |  |  |  |
|  | 银行存款 |  |  |  | 300000000 | √ |  |
|  |  |  |  |  |  |  |  |
|  |  |  |  |  |  |  |  |
|  |  |  |  |  |  |  |  |
| 合　计 |  |  | 300000000 |  | 300000000 |  |  |

附凭证　张

主管：潘小芳　　记账：王海　　审核：张莉　　制单：李明

图 1-6　第 2 号记账凭证

根据第 2 号记账凭证，总账人员在“银行存款”“固定资产”账户中进行记录，如图 1-7、图 1-8 所示。

总　　账

2023 年度

会计科目编号

会计科目名称　银行存款

| 年 |  | 凭证编号 | 摘　要 | 借方金额（亿千百十万千百十元角分） | √ | 贷方金额（亿千百十万千百十元角分） | √ | 借或贷 | 余额（亿千百十万千百十元角分） | √ |
|---|---|---|---|---|---|---|---|---|---|---|
| 月 | 日 |  |  |  |  |  |  |  |  |  |
| 12 | 1 | 1 | 收到投资 | 800000000 |  |  |  |  |  |  |
| 12 | 6 | 2 | 银行存款购入生产线及辅助设备 |  |  | 300000000 |  |  |  |  |
|  |  |  |  |  |  |  |  |  |  |  |
|  |  |  |  |  |  |  |  |  |  |  |
|  |  |  |  |  |  |  |  |  |  |  |

图 1-7　登记“银行存款”总账

总　　账

2023 年度

会计科目编号

会计科目名称　固定资产

| 年 |  | 凭证编号 | 摘　要 | 借方金额（亿千百十万千百十元角分） | √ | 贷方金额（亿千百十万千百十元角分） | √ | 借或贷 | 余额（亿千百十万千百十元角分） | √ |
|---|---|---|---|---|---|---|---|---|---|---|
| 月 | 日 |  |  |  |  |  |  |  |  |  |
| 12 | 6 | 2 | 银行存款购入生产线及辅助设备 | 300000000 |  |  |  |  |  |  |
|  |  |  |  |  |  |  |  |  |  |  |
|  |  |  |  |  |  |  |  |  |  |  |
|  |  |  |  |  |  |  |  |  |  |  |
|  |  |  |  |  |  |  |  |  |  |  |

图 1-8　登记“固定资产”总账

明细账记录人员在“固定资产——生产线”“固定资产——辅助设备”明细账中进行记录，如图 1-9、图 1-10 所示。这种在总账及其所属的明细账中同时进行记录的做法称为“平行登记”。

总号　　分页
会计科目　固定资产
明细科目　生产线

# 明 细 账

| 记账凭证 2023年 月 | 日 | 编号 | 摘要 | 对方科目 | 借方（千百十万千百十元角分） | ✓ | 贷方（千百十万千百十元角分） | ✓ | 借或贷 | 余额（千百十万千百十元角分） | ✓ |
|---|---|---|---|---|---|---|---|---|---|---|---|
| 12 | 6 | 2 | 银行存款购入生产线 | 银行存款 | 220000000 | | | | | | |
| | | | | | | | | | | | |
| | | | | | | | | | | | |
| | | | | | | | | | | | |
| | | | | | | | | | | | |

图1-9　登记“固定资产——生产线”明细账

总号　　分页
会计科目　固定资产
明细科目　辅助设备

# 明 细 账

| 记账凭证 2023年 月 | 日 | 编号 | 摘要 | 对方科目 | 借方（千百十万千百十元角分） | ✓ | 贷方（千百十万千百十元角分） | ✓ | 借或贷 | 余额（千百十万千百十元角分） | ✓ |
|---|---|---|---|---|---|---|---|---|---|---|---|
| 12 | 6 | 2 | 银行存款购入辅助设备 | 银行存款 | 80000000 | | | | | | |
| | | | | | | | | | | | |
| | | | | | | | | | | | |

图1-10　登记“固定资产——辅助设备”明细账

例3. 12月7日，购买材料60万元，材料已入库，材料款已用银行存款支付。

会计处理：会计人员根据入库单、支付结算等原始凭证，填制第3号记账凭证，如图1-11所示。

# 记　账　凭　证

2023年　　12月　　7日　　第 3 号

| 摘要 | 科目：总账科目 | 科目：明细科目 | 借方金额（千百十万千百十元角分） | ✓ | 贷方金额（千百十万千百十元角分） | ✓ |
|---|---|---|---|---|---|---|
| 购买材料 | 原材料 | | 60000000 | √ | | |
| | 银行存款 | | | | 60000000 | √ |
| | | | | | | |
| | | | | | | |
| | | | | | | |
| | | | | | | |
| 合　计 | | | 60000000 | | 60000000 | |

页次　附凭证　张

主管：潘小芳　　记账：王海　　审核：张莉　　制单：李明

图1-11　第3号记账凭证

根据第3号记账凭证，总账记账人员在“银行存款”“原材料”账户中进行记录，如图1–12、图1–13所示。

**总　　账**

订本第1页

会计科目编号________

2023 **年度**　　会计科目名称　银行存款

| 月 | 日 | 凭证编号 | 摘要 | 借方金额（亿千百十万千百十元角分） | √ | 贷方金额（亿千百十万千百十元角分） | √ | 借或贷 | 余额（亿千百十万千百十元角分） | √ |
|---|---|---|---|---|---|---|---|---|---|---|
| 12 | 1 | 1 | 收到投资 | 800000000 | | | | | | |
| 12 | 6 | 2 | 银行存款购入生产线及辅助设备 | | | 300000000 | | | | |
| 12 | 7 | 3 | 购买材料 | | | 60000000 | | | | |
| | | | | | | | | | | |

图1–12　登记“银行存款”总账

**总　　账**

订本第2页

会计科目编号________

2023 **年度**　　会计科目名称　原材料

| 月 | 日 | 凭证编号 | 摘要 | 借方金额（亿千百十万千百十元角分） | √ | 贷方金额（亿千百十万千百十元角分） | √ | 借或贷 | 余额（亿千百十万千百十元角分） | √ |
|---|---|---|---|---|---|---|---|---|---|---|
| 12 | 7 | 3 | 购入原材料入库 | 60000000 | | | | | | |
| | | | | | | | | | | |
| | | | | | | | | | | |
| | | | | | | | | | | |

图1–13　登记“原材料”总账

例4. 12月7日，用银行存款支付工厂租金50万元、装修费用30万元。

会计处理：会计人员根据发票、付款证明等原始凭证，填制第4号记账凭证，如图1–14所示。

# 记　账　凭　证

2023年　　12月　　7日　　第 4 号

| 摘要 | 总账科目 | 明细科目 | 借方金额（千百十万千百十元角分） | √ | 贷方金额（千百十万千百十元角分） | √ |
|---|---|---|---|---|---|---|
| 支付工厂租金、装修费用 | 长期待摊费用 | 租金 | 50000000 | √ | | |
| | 长期待摊费用 | 装修费 | 30000000 | √ | | |
| | 银行存款 | | | | 80000000 | √ |
| | | | | | | |
| | | | | | | |
| | | | | | | |
| 合　计 | | | 80000000 | | 80000000 | |

页次　附凭证　张

主管：潘小芳　　记账：王海　　审核：张莉　　制单：李明

图1–14　第4号记账凭证

根据第4号记账凭证，总账人员在“银行存款”“长期待摊费用”账户中进行记录，如图1–15、图1–16所示。

**总　　　　账**

订本第 1 页

会计科目编号＿＿＿＿＿＿

2023 **年度**　　　　会计科目名称　银行存款

| 年 月 | 日 | 凭证编号 | 摘要 | 借方金额（亿千百十万千百十元角分） | √ | 贷方金额（亿千百十万千百十元角分） | √ | 借或贷 | 余额（亿千百十万千百十元角分） | √ |
|---|---|---|---|---|---|---|---|---|---|---|
| 12 | 1 | 1 | 收到投资 | 800000000 | | | | | | |
| 12 | 6 | 2 | 银行存款购入生产线及辅助设备 | | | 300000000 | | | | |
| 12 | 7 | 3 | 购买材料 | | | 60000000 | | | | |
| 12 | 7 | 4 | 支付工厂租金、装修费用 | | | 80000000 | | | | |
| | | | | | | | | | | |
| | | | | | | | | | | |

图1-15　登记“银行存款”总账

**总　　　　账**

订本第 5 页

会计科目编号＿＿＿＿＿＿

2023 **年度**　　　　会计科目名称　长期待摊费用

| 年 月 | 日 | 凭证编号 | 摘要 | 借方金额（亿千百十万千百十元角分） | √ | 贷方金额（亿千百十万千百十元角分） | √ | 借或贷 | 余额（亿千百十万千百十元角分） | √ |
|---|---|---|---|---|---|---|---|---|---|---|
| 12 | 7 | 4 | 支付工厂租金、装修费用 | 80000000 | | | | | | |
| | | | | | | | | | | |
| | | | | | | | | | | |

图1-16　登记“长期待摊费用”总账

例5. 12月8日，领用原材料进行试生产，成本60万元。

会计处理：会计人员根据领料单等原始凭证，填制第5号记账凭证，如图1-17所示。

**记　账　凭　证**

2023年　　12月　　8日　　　第 5 号

| 摘要 | 科目：总账科目 | 科目：明细科目 | 借方金额（千百十万千百十元角分） | √ | 贷方金额（千百十万千百十元角分） | √ | 页次 |
|---|---|---|---|---|---|---|---|
| 领用原材料进行试生产 | 生产成本 | | 60000000 | √ | | | |
| | 原材料 | | | | 60000000 | √ | |
| | | | | | | | |
| | | | | | | | |
| | | | | | | | |
| | | | | | | | |
| 合计 | | | 60000000 | | 60000000 | | |

附凭证　张

主管：潘小芳　　记账：王海　　审核：张莉　　制单：李明

图1-17　第5号记账凭证

根据第5号记账凭证，总账人员在“生产成本”“原材料”账户中进行记录，如图1-18、图1-19所示。

订本第8页

**总　　　　账**

会计科目编号______

2023　**年度**　　　　会计科目名称　生产成本

| 年 月 | 日 | 凭证编号 | 摘要 | 借方金额（亿千百十万千百十元角分） | √ | 贷方金额（亿千百十万千百十元角分） | √ | 借或贷 | 余额（亿千百十万千百十元角分） | √ |
|---|---|---|---|---|---|---|---|---|---|---|
| 12 | 8 | 5 | 领用原材料进行试生产 | 60000000 | | | | | | |
| | | | | | | | | | | |
| | | | | | | | | | | |
| | | | | | | | | | | |

图1-18　登记“生产成本”总账

订本第2页

**总　　　　账**

会计科目编号______

2023　**年度**　　　　会计科目名称　原材料

| 年 月 | 日 | 凭证编号 | 摘要 | 借方金额（亿千百十万千百十元角分） | √ | 贷方金额（亿千百十万千百十元角分） | √ | 借或贷 | 余额（亿千百十万千百十元角分） | √ |
|---|---|---|---|---|---|---|---|---|---|---|
| 12 | 7 | 3 | 购入原材料入库 | 60000000 | | | | | | |
| 12 | 8 | 5 | 领用原材料进行试生产 | | | 60000000 | | | | |
| | | | | | | | | | | |
| | | | | | | | | | | |
| | | | | | | | | | | |

图1-19　登记“原材料”总账

例6. 12月10日，支付员工招聘、培训费用30万元。

会计处理：会计人员根据发票、付款结算单等原始凭证，填制第6号记账凭证，如图1-20所示。

**记　　账　　凭　　证**

2023年　　　12月　　　10日　　　　第 6 号

| 摘要 | 总账科目 | 明细科目 | 借方金额（千百十万千百十元角分） | √ | 贷方金额（千百十万千百十元角分） | √ |
|---|---|---|---|---|---|---|
| 支付员工招聘费、培训费 | 管理费用 | | 30000000 | √ | | |
| | 银行存款 | | | | 30000000 | √ |
| | | | | | | |
| | | | | | | |
| | | | | | | |
| | | | | | | |
| 合　计 | | | 30000000 | | 30000000 | |

页次　附凭证　张

主管：潘小芳　　记账：王海　　审核：张莉　　制单：李明

图1-20　第6号记账凭证

根据第6号记账凭证，总账人员在“银行存款”“管理费用”账户中进行记录，如图1-21、图1-22所示。

订本第 1 页

**总　　　　账**

会计科目编号________

2023 **年度**　　　　会计科目名称 银行存款

| 月 | 日 | 凭证编号 | 摘要 | 借方金额（亿千百十万千百十元角分） | √ | 贷方金额（亿千百十万千百十元角分） | √ | 借或贷 | 余额（亿千百十万千百十元角分） | √ |
|---|---|---|---|---|---|---|---|---|---|---|
| 12 | 1 | 1 | 收到投资 | 800000000 | | | | | | |
| 12 | 6 | 2 | 银行存款购入生产线及辅助设备 | | | 300000000 | | | | |
| 12 | 7 | 3 | 购买材料 | | | 60000000 | | | | |
| 12 | 7 | 4 | 支付工厂租金、装修费用 | | | 80000000 | | | | |
| 12 | 10 | 6 | 支付员工招聘费、培训费 | | | 30000000 | | | | |
| | | | | | | | | | | |
| | | | | | | | | | | |
| | | | | | | | | | | |

图1-21　登记“银行存款”总账

订本第 11 页

**总　　　　账**

会计科目编号________

2023 **年度**　　　　会计科目名称 管理费用

| 月 | 日 | 凭证编号 | 摘要 | 借方金额（亿千百十万千百十元角分） | √ | 贷方金额（亿千百十万千百十元角分） | √ | 借或贷 | 余额（亿千百十万千百十元角分） | √ |
|---|---|---|---|---|---|---|---|---|---|---|
| 12 | 10 | 6 | 支付员工招聘费、培训费 | 30000000 | | | | | | |
| | | | | | | | | | | |
| | | | | | | | | | | |

图1-22　登记“管理费用”总账

例7. 12月31日，支付员工工资20万元，其中，生产工人工资12万元，管理人员工资8万元；支付水电费10万元，其中，生产车间8万元，管理部门2万元。

会计处理：会计人员根据工资结算单、发票、付款结算单等原始凭证，填制第7号记账凭证，如图1-23所示。

**记　账　凭　证**

2023年　　12月　　31日　　　　第 7 号

| 摘要 | 总账科目 | 明细科目 | 借方金额（千百十万千百十元角分） | √ | 贷方金额（千百十万千百十元角分） | √ |
|---|---|---|---|---|---|---|
| 支付员工工资、水电费 | 生产成本 | | 20000000 | √ | | |
| | 管理费用 | | 10000000 | √ | | |
| | 银行存款 | | | | 30000000 | √ |
| | | | | | | |
| | | | | | | |
| | | | | | | |
| 合计 | | | 30000000 | | 30000000 | |

页次　附凭证　张

主管：潘小芳　　记账：王海　　审核：张莉　　制单：李明

图1-23　第7号记账凭证

根据第7号记账凭证，总账人员在“生产成本”“管理费用”“银行存款”账户中进行记录，如图1-24至图1-26所示。

总　　　　账

订本第8页

会计科目编号

2023　年度　　会计科目名称　生产成本

| 年 月 | 年 日 | 凭证编号 | 摘要 | 借方金额（亿千百十万千百十元角分） | √ | 贷方金额（亿千百十万千百十元角分） | √ | 借或贷 | 余额（亿千百十万千百十元角分） | √ |
|---|---|---|---|---|---|---|---|---|---|---|
| 12 | 8 | 5 | 领用原材料进行试生产 | 60000000 | | | | | | |
| 12 | 31 | 7 | 支付员工工资、水电费 | 20000000 | | | | | | |
| | | | | | | | | | | |
| | | | | | | | | | | |
| | | | | | | | | | | |
| | | | | | | | | | | |

图1-24　登记“生产成本”总账

总　　　　账

订本第11页

会计科目编号

2023　年度　　会计科目名称　管理费用

| 年 月 | 年 日 | 凭证编号 | 摘要 | 借方金额（亿千百十万千百十元角分） | √ | 贷方金额（亿千百十万千百十元角分） | √ | 借或贷 | 余额（亿千百十万千百十元角分） | √ |
|---|---|---|---|---|---|---|---|---|---|---|
| 12 | 10 | 6 | 支付员工招聘费、培训费 | 30000000 | | | | | | |
| 12 | 31 | 7 | 支付员工工资、水电费 | 10000000 | | | | | | |
| | | | | | | | | | | |
| | | | | | | | | | | |
| | | | | | | | | | | |
| | | | | | | | | | | |

图1-25　登记“管理费用”总账

总　　　　账

订本第1页

会计科目编号

2023　年度　　会计科目名称　银行存款

| 年 月 | 年 日 | 凭证编号 | 摘要 | 借方金额（亿千百十万千百十元角分） | √ | 贷方金额（亿千百十万千百十元角分） | √ | 借或贷 | 余额（亿千百十万千百十元角分） | √ |
|---|---|---|---|---|---|---|---|---|---|---|
| 12 | 1 | 1 | 收到投资 | 800000000 | | | | | | |
| 12 | 6 | 2 | 银行存款购入生产线及辅助设备 | | | 300000000 | | | | |
| 12 | 7 | 3 | 购买材料 | | | 60000000 | | | | |
| 12 | 7 | 4 | 支付工厂租金、装修费用 | | | 80000000 | | | | |
| 12 | 10 | 6 | 支付员工招聘费、培训费 | | | 30000000 | | | | |
| 12 | 31 | 7 | 支付员工工资、水电费 | | | 30000000 | | | | |
| | | | | | | | | | | |
| | | | | | | | | | | |
| | | | | | | | | | | |
| | | | | | | | | | | |

图1-26　登记“银行存款”总账

例8. 12月31日，产品完工入库，结转生产成本70万元。

会计处理：会计人员根据产品入库单等原始凭证，填制第8号记账凭证，如图1-27所示。

# 记　账　凭　证

2023年　　12月　　31日　　第 8 号

| 摘要 | 总账科目 | 明细科目 | 借方金额（千百十万千百十元角分） | √ | 贷方金额（千百十万千百十元角分） | √ | 页次 |
|---|---|---|---|---|---|---|---|
| 结转完工产品成本 | 库存商品 | | 70000000 | √ | | | |
| | 生产成本 | | | | 70000000 | √ | |
| | | | | | | | |
| | | | | | | | |
| | | | | | | | |
| | | | | | | | |
| 合　计 | | | 70000000 | | 70000000 | | |

附凭证　张

主管：潘小芳　　记账：王海　　审核：张莉　　制单：李明

图 1-27　第 8 号记账凭证

根据第 8 号记账凭证，总账人员在“库存商品”“生产成本”账户中进行记录，如图 1-28、图 1-29 所示。

## 总　　账

订本第 3 页

会计科目编号

2023 年度　　会计科目名称　库存商品

| 月 | 日 | 凭证编号 | 摘要 | 借方金额（亿千百十万千百十元角分） | √ | 贷方金额（亿千百十万千百十元角分） | √ | 借或贷 | 余额（亿千百十万千百十元角分） | √ |
|---|---|---|---|---|---|---|---|---|---|---|
| 12 | 31 | 8 | 产品入库，结转完工产品成本 | 70000000 | | | | | | |
| | | | | | | | | | | |
| | | | | | | | | | | |

图 1-28　登记“库存商品”总账

## 总　　账

订本第 8 页

会计科目编号

2023 年度　　会计科目名称　生产成本

| 月 | 日 | 凭证编号 | 摘要 | 借方金额（亿千百十万千百十元角分） | √ | 贷方金额（亿千百十万千百十元角分） | √ | 借或贷 | 余额（亿千百十万千百十元角分） | √ |
|---|---|---|---|---|---|---|---|---|---|---|
| 12 | 8 | 5 | 领用原材料进行试生产 | 60000000 | | | | | | |
| 12 | 31 | 7 | 支付员工工资、水电费 | 20000000 | | | | | | |
| 12 | 31 | 8 | 结转完工产品成本 | | | 70000000 | | | | |
| | | | | | | | | | | |
| | | | | | | | | | | |
| | | | | | | | | | | |
| | | | | | | | | | | |

图 1-29　登记“生产成本”总账

例 9. 12 月 31 日，本月销售产品收入 150 万元，货款已收，存入银行。

会计处理：会计人员根据收款结算单等原始凭证，填制第 9 号记账凭证，如图 1-30 所示。

# 记　账　凭　证

2023年　　12月　　31日　　第 9 　号

| 摘　要 | 科　目 | | 借方金额 | √ | 贷方金额 | √ | 页次 |
|---|---|---|---|---|---|---|---|
| | 总账科目 | 明细科目 | 千百十万千百十元角分 | | 千百十万千百十元角分 | | |
| 本月销售产品，货款全部收到，存入银行 | 银行存款 | | 150000000 | √ | | | |
| | 主营业务收入 | | | | 150000000 | √ | |
| | | | | | | | |
| | | | | | | | |
| | | | | | | | |
| | | | | | | | |
| 合　计 | | | 150000000 | | 150000000 | | |

附凭证　　张

主管：潘小芳　　记账：王海　　审核：张莉　　制单：李明

图1-30　第9号记账凭证

根据第9号记账凭证，总账人员在“银行存款”“主营业务收入”账户中进行记录，如图1-31、图1-32所示。

## 总　　账

会计科目编号

2023 年度　　会计科目名称　银行存款

| 月 | 日 | 凭证编号 | 摘　要 | 借方金额 | √ | 贷方金额 | √ | 借或贷 | 余额 | √ |
|---|---|---|---|---|---|---|---|---|---|---|
| 12 | 1 | 1 | 收到投资 | 800000000 | | | | | | |
| 12 | 6 | 2 | 银行存款购入生产线及辅助设备 | | | 300000000 | | | | |
| 12 | 7 | 3 | 购买材料 | | | 60000000 | | | | |
| 12 | 7 | 4 | 支付工厂租金、装修费用 | | | 80000000 | | | | |
| 12 | 10 | 6 | 支付员工招聘费、培训费 | | | 30000000 | | | | |
| 12 | 31 | 7 | 支付员工工资、水电费 | | | 30000000 | | | | |
| 12 | 31 | 9 | 本月销售产品，货款全部收到，存入银行 | 150000000 | | | | | | |
| | | | | | | | | | | |
| | | | | | | | | | | |

图1-31　登记“银行存款”总账

订本第9页

## 总　　账

会计科目编号

2023 年度　　会计科目名称　主营业务收入

| 月 | 日 | 凭证编号 | 摘　要 | 借方金额 | √ | 贷方金额 | √ | 借或贷 | 余额 | √ |
|---|---|---|---|---|---|---|---|---|---|---|
| 12 | 31 | 9 | 本月销售产品，货款全部收到，存入银行 | | | 150000000 | | | | |
| | | | | | | | | | | |
| | | | | | | | | | | |
| | | | | | | | | | | |
| | | | | | | | | | | |
| | | | | | | | | | | |

图1-32　登记“主营业务收入”总账

例10. 12月31日，结转销售产品成本70万元。

会计处理：会计人员根据产品出库单等原始凭证，填制第10号记账凭证，如图1-33所示。

**记 账 凭 证**

2023年 12月 31日 第 10 号

| 摘要 | 科目 | | 借方金额 | | | | | | | | | | | 贷方金额 | | | | | | | | | | 页次 |
|---|---|---|---|---|---|---|---|---|---|---|---|---|---|---|---|---|---|---|---|---|---|---|---|---|
| | 总账科目 | 明细科目 | 千 | 百 | 十 | 万 | 千 | 百 | 十 | 元 | 角 | 分 | | 千 | 百 | 十 | 万 | 千 | 百 | 十 | 元 | 角 | 分 | |
| 结转销售产品成本 | 主营业务成本 | | | | 7 | 0 | 0 | 0 | 0 | 0 | 0 | 0 | √ | | | | | | | | | | | |
| | 库存商品 | | | | | | | | | | | | | | | 7 | 0 | 0 | 0 | 0 | 0 | 0 | 0 | √ |
| | | | | | | | | | | | | | | | | | | | | | | | | |
| | | | | | | | | | | | | | | | | | | | | | | | | |
| | | | | | | | | | | | | | | | | | | | | | | | | |
| | | | | | | | | | | | | | | | | | | | | | | | | |
| 合计 | | | | | 7 | 0 | 0 | 0 | 0 | 0 | 0 | 0 | | | | 7 | 0 | 0 | 0 | 0 | 0 | 0 | 0 | |

附凭证 张

主管：潘小芳 记账：王海 审核：张莉 制单：李明

图1-33 第10号记账凭证

根据第10号记账凭证，总账人员在“主营业务成本”“库存商品”账户中进行记录，如图1-34、图1-35所示。

**总 账**

订本第 10 页

会计科目编号

会计科目名称 主营业务成本

2023 **年度**

| 年 | | 凭证编号 | 摘要 | 借方金额 | | | | | | | | | | | √ | 贷方金额 | | | | | | | | | | | √ | 借或贷 | 余额 | | | | | | | | | | | √ |
|---|---|---|---|---|---|---|---|---|---|---|---|---|---|---|---|---|---|---|---|---|---|---|---|---|---|---|---|---|---|---|---|---|---|---|---|---|---|---|---|---|
| 月 | 日 | | | 亿 | 千 | 百 | 十 | 万 | 千 | 百 | 十 | 元 | 角 | 分 | | 亿 | 千 | 百 | 十 | 万 | 千 | 百 | 十 | 元 | 角 | 分 | | | 亿 | 千 | 百 | 十 | 万 | 千 | 百 | 十 | 元 | 角 | 分 | |
| 12 | 31 | 10 | 结转销售产品成本 | | | | 7 | 0 | 0 | 0 | 0 | 0 | 0 | 0 | | | | | | | | | | | | | | | | | | | | | | | | | | |
| | | | | | | | | | | | | | | | | | | | | | | | | | | | | | | | | | | | | | | | | |
| | | | | | | | | | | | | | | | | | | | | | | | | | | | | | | | | | | | | | | | | |
| | | | | | | | | | | | | | | | | | | | | | | | | | | | | | | | | | | | | | | | | |
| | | | | | | | | | | | | | | | | | | | | | | | | | | | | | | | | | | | | | | | | |

图1-34 登记“主营业务成本”总账

**总 账**

订本第 3 页

会计科目编号

会计科目名称 库存商品

2023 **年度**

| 年 | | 凭证编号 | 摘要 | 借方金额 | | | | | | | | | | | √ | 贷方金额 | | | | | | | | | | | √ | 借或贷 | 余额 | | | | | | | | | | | √ |
|---|---|---|---|---|---|---|---|---|---|---|---|---|---|---|---|---|---|---|---|---|---|---|---|---|---|---|---|---|---|---|---|---|---|---|---|---|---|---|---|---|
| 月 | 日 | | | 亿 | 千 | 百 | 十 | 万 | 千 | 百 | 十 | 元 | 角 | 分 | | 亿 | 千 | 百 | 十 | 万 | 千 | 百 | 十 | 元 | 角 | 分 | | | 亿 | 千 | 百 | 十 | 万 | 千 | 百 | 十 | 元 | 角 | 分 | |
| 12 | 31 | 8 | 产品入库，结转完工产品成本 | | | | 7 | 0 | 0 | 0 | 0 | 0 | 0 | 0 | | | | | | | | | | | | | | | | | | | | | | | | | | |
| 12 | 31 | 10 | 结转销售产品成本 | | | | | | | | | | | | | | | | 7 | 0 | 0 | 0 | 0 | 0 | 0 | 0 | | | | | | | | | | | | | | |
| | | | | | | | | | | | | | | | | | | | | | | | | | | | | | | | | | | | | | | | | |
| | | | | | | | | | | | | | | | | | | | | | | | | | | | | | | | | | | | | | | | | |
| | | | | | | | | | | | | | | | | | | | | | | | | | | | | | | | | | | | | | | | | |
| | | | | | | | | | | | | | | | | | | | | | | | | | | | | | | | | | | | | | | | | |

图1-35 登记“库存商品”总账

例11. 12月31日，经税务机关查账征收，公司计算缴纳所得税10万元，当日转账缴纳。

会计处理：会计人员根据纳税申报表、支付结算单等原始凭证，填制第11号记账凭证，如图1–36所示。

## 记 账 凭 证

2023年 12月 31日 第 11 号

| 摘 要 | 科目：总账科目 | 科目：明细科目 | 借方金额（千百十万千百十元角分） | √ | 贷方金额（千百十万千百十元角分） | √ | 页次 |
|---|---|---|---|---|---|---|---|
| 缴纳所得税 | 所得税费用 | | 10000000 | √ | | | 附凭证 |
| | 银行存款 | | | | 10000000 | √ | |
| | | | | | | | 张 |
| | | | | | | | |
| | | | | | | | |
| | | | | | | | |
| 合 计 | | | 10000000 | | 10000000 | | |

主管：潘小芳 记账：王海 审核：张莉 制单：李明

图1–36 第11号记账凭证

根据第11号记账凭证，总账人员在“所得税费用”“银行存款”账户中进行记录，如图1–37、图1–38所示。

## 总 账

2023 年度 会计科目编号______

会计科目名称 所得税费用

| 月 | 日 | 凭证编号 | 摘 要 | 借方金额（亿千百十万千百十元角分） | √ | 贷方金额（亿千百十万千百十元角分） | √ | 借或贷 | 余额（亿千百十万千百十元角分） | √ |
|---|---|---|---|---|---|---|---|---|---|---|
| 12 | 31 | 11 | 缴纳所得税 | 10000000 | | | | | | |

图1–37 登记“所得税费用”总账

## 总 账

2023 年度 会计科目编号______

会计科目名称 银行存款

| 月 | 日 | 凭证编号 | 摘 要 | 借方金额（亿千百十万千百十元角分） | √ | 贷方金额（亿千百十万千百十元角分） | √ | 借或贷 | 余额（亿千百十万千百十元角分） | √ |
|---|---|---|---|---|---|---|---|---|---|---|
| 12 | 1 | 1 | 收到投资 | 800000000 | | | | | | |
| 12 | 6 | 2 | 银行存款购入生产线及辅助设备 | | | 300000000 | | | | |
| 12 | 7 | 3 | 购买材料 | | | 60000000 | | | | |
| 12 | 7 | 4 | 支付工厂租金、装修费用 | | | 80000000 | | | | |
| 12 | 10 | 6 | 支付员工招聘费、培训费 | | | 30000000 | | | | |
| 12 | 31 | 7 | 支付员工工资、水电费 | | | 30000000 | | | | |
| 12 | 31 | 9 | 本月销售产品，货款全部收到，存入银行 | 150000000 | | | | | | |
| 12 | 31 | 11 | 缴纳所得税费用 | | | 10000000 | | | | |

图1–38 登记“银行存款”总账

二、对账和结账

期末结账前，企业需要进行财产清查和对账。如果核对相符，则可结清各账户的发生额合计数，对于实账户，还可以结出余额。

对于资产类、负债类、所有者权益类、成本类总账账户，应计算出各个账户的本期借方发生额合计数和本期贷方发生额合计数，并结出本期余额。在会计学中，把有余额的账户称作实账户。

对于损益类中的收入类、费用类总账账户，应计算出各个账户的本期借方发生额合计数和本期贷方发生额合计数，并将其发生额合计数分别结转记入“本年利润”账户。这些账户没有期末余额，在会计学中被称为虚账户。

例 12. 12月31日，结转收入、费用，计算利润总额。

会计处理：计算本年度的各个收入类账户的发生额合计，并将其转入“本年利润”账户。结账时填制的记账凭证不要求附有原始凭证，可直接根据账户情况填制第12-1/2号记账凭证，如图1-39所示。

**记 账 凭 证**

2023年 12月 31日 第 12-1/2 号

| 摘要 | 总账科目 | 明细科目 | 借方金额 | √ | 贷方金额 | √ |
|---|---|---|---|---|---|---|
| 结转收入 | 主营业务收入 | | 150000000 | √ | | |
| | 本年利润 | | | | 150000000 | √ |
| | | | | | | |
| | | | | | | |
| | | | | | | |
| | | | | | | |
| 合计 | | | 150000000 | | 150000000 | |

附凭证 张

主管：潘小芳 记账：王海 审核：张莉 制单：李明

图1-39 第12-1/2号记账凭证

根据第12-1/2号记账凭证，总账人员在有关账户中进行记录，如图1-40、图1-41所示。

**总 账**

会计科目编号

2023 **年度** 会计科目名称 本年利润

| 月 | 日 | 凭证编号 | 摘要 | 借方金额 | √ | 贷方金额 | √ | 借或贷 | 余额 | √ |
|---|---|---|---|---|---|---|---|---|---|---|
| 12 | 31 | 12-1/2 | 结转收入 | | | 150000000 | | | | |

图1-40 登记“本年利润”总账

# 总　　　　账

订本第 9 页

会计科目编号______

2023　年度　　　　会计科目名称　主营业务收入

| 月 | 日 | 凭证编号 | 摘要 | 借方金额（亿千百十万千百十元角分） | √ | 贷方金额（亿千百十万千百十元角分） | √ | 借或贷 | 余额（亿千百十万千百十元角分） | √ |
|---|---|---|---|---|---|---|---|---|---|---|
| 12 | 31 | 9 | 本月销售产品，货款全部收到，存入银行 | | | 150000000 | | | | |
| 12 | 31 | 12-1/2 | 结转收入 | 150000000 | | | | | | |
| | | | | | | | | | | |

图 1-41　登记“主营业务收入”总账

计算本年度的各个费用类账户的发生额合计，并将其转入“本年利润”账户。结账时填制的记账凭证不要求附有原始凭证，可直接根据账户情况填制第 12-2/2 号记账凭证，如图 1-42 所示。

# 记　账　凭　证

2023年　　12月　　31日　　第 12-2/2 号

| 摘要 | 科目：总账科目 | 科目：明细科目 | 借方金额（千百十万千百十元角分） | | 贷方金额（千百十万千百十元角分） | 页次 |
|---|---|---|---|---|---|---|
| 结转费用 | 本年利润 | | 110000000 | √ | | |
| | 主营业务成本 | | | | 70000000 | √ |
| | 管理费用 | | | | 40000000 | |
| | | | | | | |
| | | | | | | |
| | | | | | | |
| 合　计 | | | 110000000 | | 110000000 | |

附凭证　张

主管：潘小芳　　记账：王海　　审核：张莉　　制单：李明

图 1-42　第 12-2/2 号记账凭证

根据第 12-2/2 号记账凭证，总账人员在有关账户中进行记录，如图 1-43 至图 1-45 所示。

# 总　　　　账

订本第 13 页

会计科目编号______

2023　年度　　　　会计科目名称　本年利润

| 月 | 日 | 凭证编号 | 摘要 | 借方金额（亿千百十万千百十元角分） | √ | 贷方金额（亿千百十万千百十元角分） | √ | 借或贷 | 余额（亿千百十万千百十元角分） | √ |
|---|---|---|---|---|---|---|---|---|---|---|
| 12 | 31 | 12-1/2 | 结转收入 | | | 150000000 | | | | |
| 12 | 31 | 12-2/2 | 结转费用 | 110000000 | | | | | | |
| | | | | | | | | | | |
| | | | | | | | | | | |
| | | | | | | | | | | |

图 1-43　登记“本年利润”总账

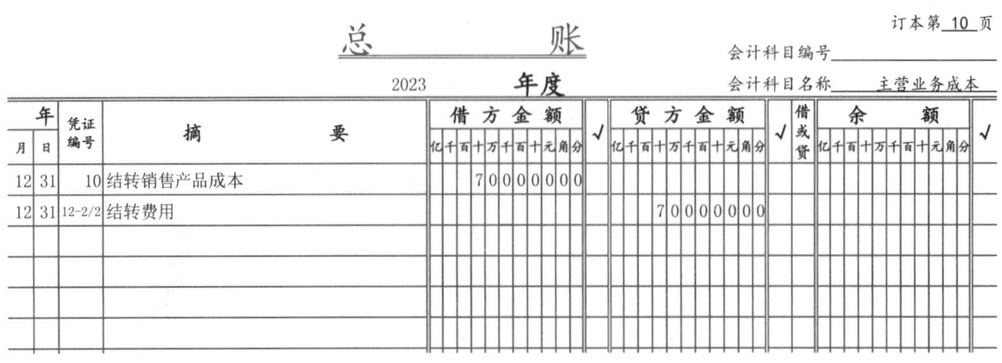

订本第 10 页

# 总　　账

会计科目编号＿＿＿＿

2023 年度　　　会计科目名称 主营业务成本

| 月 | 日 | 凭证编号 | 摘要 | 借方金额（亿千百十万千百十元角分） | √ | 贷方金额（亿千百十万千百十元角分） | √ | 借或贷 | 余额（亿千百十万千百十元角分） | √ |
|---|---|---|---|---|---|---|---|---|---|---|
| 12 | 31 | 10 | 结转销售产品成本 | 70000000 | | | | | | |
| 12 | 31 | 12-2/2 | 结转费用 | | | 70000000 | | | | |
| | | | | | | | | | | |
| | | | | | | | | | | |
| | | | | | | | | | | |
| | | | | | | | | | | |

图1-44　登记“主营业务成本”总账

订本第 11 页

# 总　　账

会计科目编号＿＿＿＿

2023 年度　　　会计科目名称 管理费用

| 月 | 日 | 凭证编号 | 摘要 | 借方金额（亿千百十万千百十元角分） | √ | 贷方金额（亿千百十万千百十元角分） | √ | 借或贷 | 余额（亿千百十万千百十元角分） | √ |
|---|---|---|---|---|---|---|---|---|---|---|
| 12 | 10 | 6 | 支付员工招聘费、培训费 | 30000000 | | | | | | |
| 12 | 31 | 7 | 支付员工工资、水电费 | 10000000 | | | | | | |
| 12 | 31 | 12-2/2 | 结转费用 | | | 40000000 | | | | |
| | | | | | | | | | | |
| | | | | | | | | | | |

图1-45　登记“管理费用”总账

此时，“本年利润”账户中借方合计数与贷方合计数之差就是利润表上的利润总额。

例13. 12月31日，结转所得税费用，计算净利润。

会计处理：结转所得税费用，填制第13号记账凭证，如图1-46所示。

# 记　账　凭　证

2023年　　12月　　31日　　第 13号

| 摘要 | 总账科目 | 明细科目 | 借方金额（千百十万千百十元角分） | √ | 贷方金额（千百十万千百十元角分） | √ |
|---|---|---|---|---|---|---|
| 结转所得税费用 | 本年利润 | | 10000000 | √ | | |
| | 所得税费用 | | | | 10000000 | √ |
| | | | | | | |
| | | | | | | |
| | | | | | | |
| | | | | | | |
| 合　计 | | | 10000000 | | 10000000 | |

页次　附凭证　张

主管：潘小芳　　记账：王海　　审核：张莉　　制单：李明

图1-46　第13号记账凭证

根据第13号记账凭证，总账人员在有关账户中进行记录，如图1-47、图1-48

所示。

| | | | 总　　　账 | | | | | | | |
|---|---|---|---|---|---|---|---|---|---|---|
| | | | 2023　年度 | | | | | 订本第 12 页<br>会计科目编号<br>会计科目名称　所得税费用 | | |
| 年 | | 凭证编号 | 摘　　要 | 借方金额 | √ | 贷方金额 | √ | 借或贷 | 余　额 | √ |
| 月 | 日 | | | 亿千百十万千百十元角分 | | 亿千百十万千百十元角分 | | | 亿千百十万千百十元角分 | |
| 12 | 31 | 11 | 缴纳所得税 | 10000000 | | | | | | |
| 12 | 31 | 13 | 结转所得税费用 | | | 10000000 | | | | |
| | | | | | | | | | | |
| | | | | | | | | | | |

图1-47　登记“所得税费用”总账

| | | | 总　　　账 | | | | | | | |
|---|---|---|---|---|---|---|---|---|---|---|
| | | | 2023　年度 | | | | | 订本第 13 页<br>会计科目编号<br>会计科目名称　本年利润 | | |
| 年 | | 凭证编号 | 摘　　要 | 借方金额 | √ | 贷方金额 | √ | 借或贷 | 余　额 | √ |
| 月 | 日 | | | 亿千百十万千百十元角分 | | 亿千百十万千百十元角分 | | | 亿千百十万千百十元角分 | |
| 12 | 31 | 12-1/2 | 结转收入 | | | 150000000 | | | | |
| 12 | 31 | 12-2/2 | 结转费用 | 110000000 | | | | | | |
| 12 | 31 | 13 | 结转所得税费用 | 10000000 | | | | | | |
| | | | | | | | | | | |
| | | | | | | | | | | |

图1-48　登记“本年利润”总账

此时，“本年利润”账户中借方合计数与贷方合计数之差就是利润表上的净利润。

例14. 12月31日，公司决定本年度暂不分红，净利润全部转入未分配利润。

会计处理：结转净利润，填制第14号记账凭证，如图1-49所示。

**记　账　凭　证**

2023年　　12月　　31日　　第 14号

| 摘　要 | 科目 | | 借方金额 | | 贷方金额 | 页次 |
|---|---|---|---|---|---|---|
| | 总账科目 | 明细科目 | 千百十万千百十元角分 | | 千百十万千百十元角分 | |
| 结转净利润 | 本年利润 | | 30000000 | √ | | 附 |
| | 未分配利润 | | | | 30000000 | √ 凭证 |
| | | | | | | |
| | | | | | | 张 |
| | | | | | | |
| | | | | | | |
| 合　计 | | | 30000000 | | 30000000 | |

主管：潘小芳　　记账：王海　　审核：张莉　　制单：李明

图1-49　第14号记账凭证

根据第14号记账凭证，总账人员在有关账户中进行记录，如图1-50、图1-51所示。

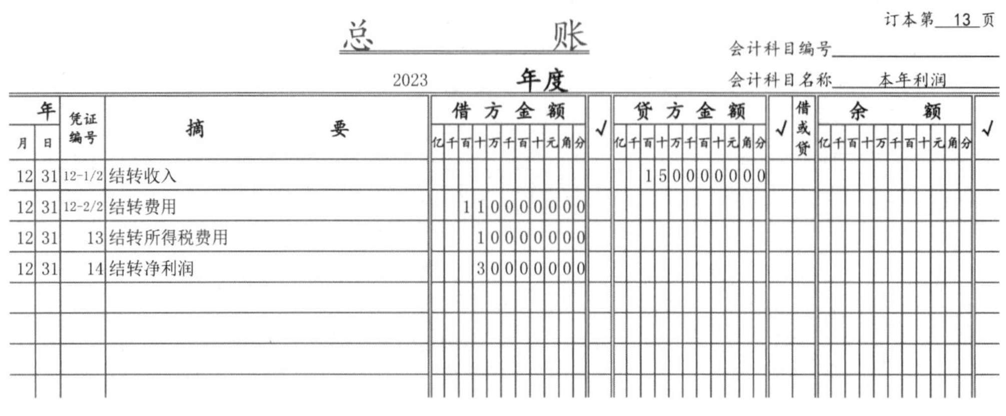

**总　　账**

订本第 13 页

会计科目编号

2023 年度　　会计科目名称 本年利润

| 月 | 日 | 凭证编号 | 摘要 | 借方金额 | √ | 贷方金额 | √ | 借或贷 | 余额 | √ |
|---|---|---|---|---|---|---|---|---|---|---|
| 12 | 31 | 12-1/2 | 结转收入 | | | 150000000 | | | | |
| 12 | 31 | 12-2/2 | 结转费用 | 110000000 | | | | | | |
| 12 | 31 | 13 | 结转所得税费用 | 10000000 | | | | | | |
| 12 | 31 | 14 | 结转净利润 | 30000000 | | | | | | |

图1-50　登记“本年利润”总账

**总　　账**

订本第 7 页

会计科目编号

2023 年度　　会计科目名称 未分配利润

| 月 | 日 | 凭证编号 | 摘要 | 借方金额 | √ | 贷方金额 | √ | 借或贷 | 余额 | √ |
|---|---|---|---|---|---|---|---|---|---|---|
| 12 | 31 | 14 | 结转净利润 | | | 30000000 | | | | |

图1-51　登记“未分配利润”总账

结账之后，各总账账户的情况如图1-52至图1-64所示。

**总　　账**

订本第 1 页

会计科目编号

2023 年度　　会计科目名称 银行存款

| 月 | 日 | 凭证编号 | 摘要 | 借方金额 | √ | 贷方金额 | √ | 借或贷 | 余额 | √ |
|---|---|---|---|---|---|---|---|---|---|---|
| 12 | 1 | 1 | 收到投资 | 800000000 | | | | | | |
| 12 | 6 | 2 | 银行存款购入生产线及辅助设备 | | | 300000000 | | | | |
| 12 | 7 | 3 | 购买材料 | | | 60000000 | | | | |
| 12 | 7 | 4 | 支付工厂租金、装修费用 | | | 80000000 | | | | |
| 12 | 10 | 6 | 支付员工招聘费、培训费 | | | 30000000 | | | | |
| 12 | 31 | 7 | 支付员工工资、水电费 | | | 30000000 | | | | |
| 12 | 31 | 9 | 本月销售产品，货款全部收到，存入银行 | 150000000 | | | | | | |
| 12 | 31 | 11 | 缴纳所得税费用 | | | 10000000 | | | | |
| | | | 本月合计 | 950000000 | | 510000000 | | 借 | 440000000 | |
| | | | 本年累计 | 950000000 | | 510000000 | | 借 | 440000000 | |
| | | | 结转下年 | | | | | 借 | 440000000 | |

图1-52　“银行存款”总账情况

## 总　　账

订本第2页

2023 年度

会计科目编号

会计科目名称　原材料

| 月 | 日 | 凭证编号 | 摘要 | 借方金额（亿千百十万千百十元角分） | √ | 贷方金额（亿千百十万千百十元角分） | √ | 借或贷 | 余额（亿千百十万千百十元角分） | √ |
|---|---|---|---|---|---|---|---|---|---|---|
| 12 | 7 | 3 | 购入原材料入库 | 60000000 | | | | | | |
| 12 | 8 | 5 | 领用原材料进行试生产 | | | 60000000 | | | | |
| | | | 本年累计 | | | | | 平 | 0 | |
| | | | | | | | | | | |
| | | | | | | | | | | |
| | | | | | | | | | | |

图1-53　“原材料”总账情况

## 总　　账

订本第 3 页

2023 年度

会计科目编号

会计科目名称　库存商品

| 月 | 日 | 凭证编号 | 摘要 | 借方金额（亿千百十万千百十元角分） | √ | 贷方金额（亿千百十万千百十元角分） | √ | 借或贷 | 余额（亿千百十万千百十元角分） | √ |
|---|---|---|---|---|---|---|---|---|---|---|
| 12 | 31 | 8 | 产品入库，结转完工产品成本 | 70000000 | | | | | | |
| 12 | 31 | 10 | 结转销售产品成本 | | | 70000000 | | | | |
| | | | 本年累计 | 70000000 | | 70000000 | | 平 | 0 | |
| | | | | | | | | | | |
| | | | | | | | | | | |
| | | | | | | | | | | |

图1-54　“库存商品”总账情况

## 总　　账

订本第 4 页

2023 年度

会计科目编号

会计科目名称　固定资产

| 月 | 日 | 凭证编号 | 摘要 | 借方金额（亿千百十万千百十元角分） | √ | 贷方金额（亿千百十万千百十元角分） | √ | 借或贷 | 余额（亿千百十万千百十元角分） | √ |
|---|---|---|---|---|---|---|---|---|---|---|
| 12 | 6 | 2 | 银行存款购入生产线及辅助设备 | 300000000 | | | | | | |
| | | | 结转下年 | | | | | 借 | 300000000 | |
| | | | | | | | | | | |
| | | | | | | | | | | |
| | | | | | | | | | | |

图1-55　“固定资产”总账情况

## 总　　账

订本第 5 页

2023 年度

会计科目编号

会计科目名称　长期待摊费用

| 月 | 日 | 凭证编号 | 摘要 | 借方金额（亿千百十万千百十元角分） | √ | 贷方金额（亿千百十万千百十元角分） | √ | 借或贷 | 余额（亿千百十万千百十元角分） | √ |
|---|---|---|---|---|---|---|---|---|---|---|
| 12 | 7 | 4 | 支付工厂租金、装修费用 | 80000000 | | | | | | |
| | | | 结转下年 | | | | | 借 | 80000000 | |
| | | | | | | | | | | |
| | | | | | | | | | | |
| | | | | | | | | | | |

图1-56　“长期待摊费用”总账情况

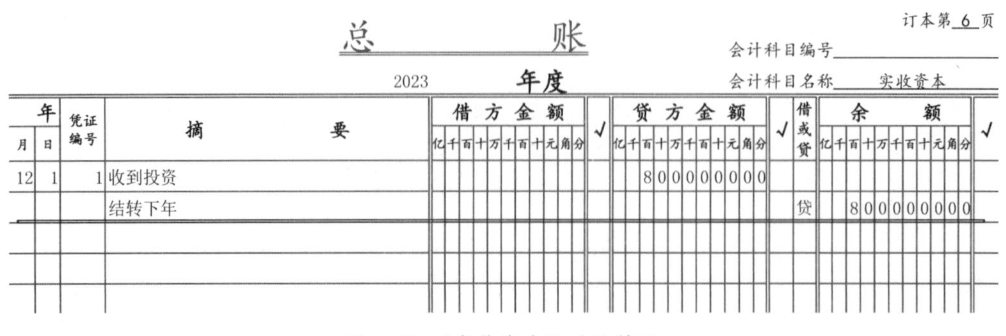

总　　账

订本第 6 页

会计科目编号＿＿＿＿

2023 年度　　会计科目名称 实收资本

| 年 月 | 年 日 | 凭证编号 | 摘要 | 借方金额（亿千百十万千百十元角分） | √ | 贷方金额（亿千百十万千百十元角分） | √ | 借或贷 | 余额（亿千百十万千百十元角分） | √ |
|---|---|---|---|---|---|---|---|---|---|---|
| 12 | 1 | 1 | 收到投资 | | | 800000000 | | | | |
| | | | 结转下年 | | | | | 贷 | 800000000 | |

图 1–57　“实收资本”总账情况

总　　账

订本第 7 页

会计科目编号＿＿＿＿

2023 年度　　会计科目名称 未分配利润

| 年 月 | 年 日 | 凭证编号 | 摘要 | 借方金额（亿千百十万千百十元角分） | √ | 贷方金额（亿千百十万千百十元角分） | √ | 借或贷 | 余额（亿千百十万千百十元角分） | √ |
|---|---|---|---|---|---|---|---|---|---|---|
| 12 | 31 | 14 | 结转净利润 | | | 30000000 | | | | |
| | | | 本年累计 | | | 30000000 | | 贷 | 30000000 | |
| | | | 结转下年 | | | 30000000 | | 贷 | 30000000 | |

图 1–58　“未分配利润”总账情况

总　　账

订本第 8 页

会计科目编号＿＿＿＿

2023 年度　　会计科目名称 生产成本

| 年 月 | 年 日 | 凭证编号 | 摘要 | 借方金额（亿千百十万千百十元角分） | √ | 贷方金额（亿千百十万千百十元角分） | √ | 借或贷 | 余额（亿千百十万千百十元角分） | √ |
|---|---|---|---|---|---|---|---|---|---|---|
| 12 | 8 | 5 | 领用原材料进行试生产 | 60000000 | | | | | | |
| 12 | 31 | 7 | 支付员工工资、水电费 | 20000000 | | | | | | |
| 12 | 31 | 8 | 结转完工产品成本 | | | 70000000 | | | | |
| | | | 本年累计 | 80000000 | | 70000000 | | 借 | 10000000 | |
| | | | 结转下年 | | | | | 借 | 10000000 | |

图 1–59　“生产成本”总账情况

总　　账

订本第 9 页

会计科目编号＿＿＿＿

2023 年度　　会计科目名称 主营业务收入

| 年 月 | 年 日 | 凭证编号 | 摘要 | 借方金额（亿千百十万千百十元角分） | √ | 贷方金额（亿千百十万千百十元角分） | √ | 借或贷 | 余额（亿千百十万千百十元角分） | √ |
|---|---|---|---|---|---|---|---|---|---|---|
| 12 | 31 | 9 | 本月销售产品，货款全部收到，存入银行 | | | 150000000 | | | | |
| 12 | 31 | 12-1/2 | 结转收入 | 150000000 | | | | | | |
| | | | 本月合计 | 150000000 | | 150000000 | | | | |
| | | | 本年累计 | 150000000 | | 150000000 | | | | |

图 1–60　“主营业务收入”总账情况

# 总　　账

订本第 10 页

会计科目编号______

2023 年度　　会计科目名称 主营业务成本

| 年 月 | 日 | 凭证编号 | 摘要 | 借方金额（亿千百十万千百十元角分） | √ | 贷方金额（亿千百十万千百十元角分） | √ | 借或贷 | 余额（亿千百十万千百十元角分） | √ |
|---|---|---|---|---|---|---|---|---|---|---|
| 12 | 31 | 10 | 结转销售产品成本 | 70000000 | | | | | | |
| 12 | 31 | 12-2/2 | 结转费用 | | | 70000000 | | | | |
| | | | 本月合计 | 70000000 | | 70000000 | | | | |
| | | | 本年累计 | 70000000 | | 70000000 | | | | |

图 1-61　“主营业务成本”总账情况

# 总　　账

订本第 11 页

会计科目编号______

2023 年度　　会计科目名称 管理费用

| 年 月 | 日 | 凭证编号 | 摘要 | 借方金额（亿千百十万千百十元角分） | √ | 贷方金额（亿千百十万千百十元角分） | √ | 借或贷 | 余额（亿千百十万千百十元角分） | √ |
|---|---|---|---|---|---|---|---|---|---|---|
| 12 | 10 | 6 | 支付员工招聘费、培训费 | 30000000 | | | | | | |
| 12 | 31 | 7 | 支付员工工资、水电费 | 10000000 | | | | | | |
| 12 | 31 | 12-2/2 | 结转费用 | | | 40000000 | | | | |
| | | | 本月合计 | 40000000 | | 40000000 | | | | |
| | | | 本年累计 | 40000000 | | 40000000 | | | | |

图 1-62　“管理费用”总账情况

# 总　　账

订本第 12 页

会计科目编号______

2023 年度　　会计科目名称 所得税费用

| 年 月 | 日 | 凭证编号 | 摘要 | 借方金额（亿千百十万千百十元角分） | √ | 贷方金额（亿千百十万千百十元角分） | √ | 借或贷 | 余额（亿千百十万千百十元角分） | √ |
|---|---|---|---|---|---|---|---|---|---|---|
| 12 | 31 | 11 | 缴纳所得税 | 10000000 | | | | | | |
| 12 | 31 | 13 | 结转所得税费用 | | | 10000000 | | | | |
| | | | 本月合计 | 10000000 | | 10000000 | | | | |
| | | | 本年累计 | 10000000 | | 10000000 | | | | |

图 1-63　“所得税费用”总账情况

# 总　　账

订本第 13 页

会计科目编号______

2023 年度　　会计科目名称 本年利润

| 年 月 | 日 | 凭证编号 | 摘要 | 借方金额（亿千百十万千百十元角分） | √ | 贷方金额（亿千百十万千百十元角分） | √ | 借或贷 | 余额（亿千百十万千百十元角分） | √ |
|---|---|---|---|---|---|---|---|---|---|---|
| 12 | 31 | 12-1/2 | 结转收入 | | | 150000000 | | | | |
| 12 | 31 | 12-2/2 | 结转费用 | 110000000 | | | | | | |
| 12 | 31 | 13 | 结转所得税费用 | 10000000 | | | | | | |
| 12 | 31 | 14 | 结转净利润 | 30000000 | | | | | | |
| | | | 本月合计 | 150000000 | | 150000000 | | | | |
| | | | 本年累计 | 150000000 | | 150000000 | | | | |

图 1-64　“本年利润”总账情况

日记账和明细账的结账工作此处从略。

三、编制财务报表

把实账户和余额列在一张表上，可以编制资产负债表，如表1-3所示。

**表1-3　晨光制造有限公司2023年12月31日的资产负债表**

单位：元

| 资产 | 金额 | 负债和所有者权益 | 金额 |
|---|---|---|---|
| 流动资产： | | 流动负债： | |
| 货币资金(银行存款入此项目) | 4 400 000 | ....... | |
| 存货(生产成本等入此项目) | 100 000 | 非流动负债： | |
| …… | | ....... | |
| 非流动资产： | | ....... | |
| 固定资产 | 3 000 000 | 所有者权益： | |
| …… | | 实收资本 | 8 000 000 |
| 长期待摊费用 | 800 000 | ....... | |
| …… | | 未分配利润 | 300 000 |
| 资产总计 | 8 300 000 | 负债和所有者权益总计 | 8 300 000 |

把虚账户的发生额列在一张表上，可以编制利润表，如表1-4所示。

**表1-4　晨光制造有限公司2023年度利润表**

单位：元

| 项目 | 本年金额 |
|---|---|
| 一、营业收入(主营业务收入＋其他业务收入) | 1 500 000 |
| 减：营业成本(主营业务成本＋其他业务成本) | 700 000 |
| 营业税金及附加 | |
| 减：销售费用 | |
| 管理费用 | 400 000 |
| 财务费用 | |
| 资产减值损失 | |

续表

| 项目 | 本年金额 |
| --- | --- |
| 加:公允价值变动收益(损失以"—"号填列) | |
| 投资收益(损失以"—"号填列) | |
| 其中:对联营企业和合营企业的投资收益 | |
| 二、营业利润(亏损以"—"号填列) | |
| 加:营业外收入 | |
| 减:营业外支出 | |
| 其中:非流动资产处置损失 | |
| 三、利润总额(亏损总额以"—"号填列) | 400 000 |
| 减:所得税费用 | 100 000 |
| 四、净利润(净亏损以"—"号填列) | 300 000 |

我们通过以上简单的示例，将会计核算工作演示一遍，大家是不是觉得会计并没有想象中那么难了呢？下面我们就按这个核算的流程，开始我们会计核算的学习之旅吧！

## 本章学习思考

### 重点概念

会计的含义　经济活动　会计的职能　会计的反映职能　会计假设　会计主体　持续经营　会计分期　货币计量　记账基础　权责发生制　收付实现制　会计循环　会计核算方法

### 练习题

#### 一、单项选择题

1. 会计的基本职能是（　　）。

A. 反映和控制　　B. 预测和决策　　C. 监督和分析　　D. 反映和分析

2. 我国最新的企业会计准则自（　　）起施行。

A. 2007年　　B. 2006年　　C. 2008年　　D. 2009年

3. 会计对经济活动进行综合反映，主要是利用（　　）。

A. 实物量度　　B. 劳动量度　　C. 货币量度　　D. 工时量度

4. 在财产的所有权与管理权相分离的情况下，会计的根本目标是（　　）。

A. 履行受托责任　　B. 提高经济效益

C. 提供会计信息　　D. 控制和指导经济活动

**二、多项选择题**

1. 会计的职能包括（　　）。

A. 会计预算　　B. 会计分析　　C. 会计预测

D. 会计决策　　E. 会计考评

2. 会计核算是指会计工作中收集、加工、储存和揭示会计信息的过程，这个过程由（　　）环节构成。

A. 确认　　B. 计量　　C. 记录

D. 报告　　E. 披露

3. 会计核算方法包括（　　）。

A. 成本计算　　B. 编制财务报表　　C. 填制和审核凭证

D. 登记账簿　　E. 财产清查

4. 下列各项中，属于会计核算的基本前提的是（　　）。

A. 会计主体　　B. 持续经营　　C. 货币计量

D. 会计分期　　E. 权责发生制

5. 会计的反映职能的特点包括（　　）。

A. 连续性　　B. 主观性　　C. 综合性　　D. 可比性

## 拓展思考

会计与现代科技的结合：

1. 思考现代信息技术（如大数据、人工智能）对会计工作的影响和改变。

2. 分析如何利用现代科技手段提高会计工作的效率和准确性。

# 第二部分
# 会计核算是什么之理论篇

# 第二章 会计和谁打交道——会计对象及要素

## 学习目标

(1) 理解会计对象和会计要素的概念;

(2) 理解各会计要素的确认与计量;

(3) 掌握各会计要素的内容;

(4) 掌握会计等式的概念和具体内容。

## 故事导入

在繁华的城市街角,有一家温馨的面包店,名为“甜蜜面包坊”。店主李小姐是一位热爱烘焙的女士,她的面包店不仅是她的梦想,也是她生活的一部分。甜蜜面包坊主要是生产和销售法式长棍面包、羊角面包、巧克力蛋糕、草莓奶油泡芙及苹果派。面包店包括李小姐在内共有5名全职员工。

店主李小姐是一名会计师,管理着面包店的财务,是一名懂会计的老板。李小姐的表妹兰兰是一名刚考上大学会计专业的准大学生,对会计知识和面包店的经营充满了好奇。这一天兰兰来到店里,让李小姐和她讲讲会计的知识。

兰兰问:“姐姐,你的面包店生意真好!我一直很好奇,你是怎么管理这些财务的呢?面包店一个月赚了多少钱呢?方便讲讲吗?”

李小姐笑着点点头说:“当然可以。首先,我们要明白:会计的对象是什么?会计对象就是面包店核算管理的对象,简单来说,就是我们在经营过程中发生的所有经济活动。比如,我买面粉、黄油这些原材料做面包,这就是资金流出;而顾客来买面包,给我钱,这就是资金流入。这些资金都是会计对象。”

兰兰:“哦,原来是这样。那会计要素又是什么呢?”

李小姐耐心地说:“会计要素对这些会计对象也就是资金进行基本的分类,是构成会计对象的基本内容,也是我们记录和反映经济活动的基础。会计要素主要有六大类，包括资产、负债、所有者权益、收入、费用和利润。”

李小姐继续解释道：“资产嘛，就是我们店现在拥有的，能给我们带来经济利益的东西。比如，店里的面包、现金、银行存款，还有这些烤箱、货架，都是我们的资产。负债呢，就是我们店欠别人的钱，比如向银行申请的贷款、买面粉的欠款，这都是负债。所有者权益，就是我自己及我的朋友对面包店的投入，可以是钱，也可以是机器等设备。”

兰兰点点头：“明白了，那收入和费用呢？”

李小姐笑着道：“收入嘛，就是我们卖面包赚的钱。费用呢，就是我们为了做面包、卖面包而花的钱，比如面粉、黄油的钱，还有员工的工资、水电费这些。”

兰兰：“哦，原来会计就是记录这些的呀！那还有一项——利润呢？”

李小姐说：“利润就是收入减去费用后的结果。如果收入大于费用，那我们就赚钱了；如果费用大于收入，那我们就亏钱了。利润是衡量我们经营好坏的一个重要指标。”

李小姐总结道：“通过记录和分析这些会计对象和要素，就能更清楚地了解面包店的财务状况，懂得注重原材料的采购价格、减少不必要的开销，优化工作流程并控制成本，从而提升利润。懂会计知识不仅帮助我更好地管理面包店的财务状况，还让我在经营过程中更加得心应手。如今，我的甜蜜面包坊已经成为街角最受欢迎的面包店之一。”

兰兰竖起大拇指说道：“姐姐真的是一位懂得经营之道、善于管理财务的老板！谢谢姐姐！我现在对会计有了初步的认识，也对我在大学里学习这门课充满信心和期待！”

## 第一节　会计和谁打交道——会计对象及要素概念

### 一、会计对象

会计是一项经济管理活动，首先就必须知道会计的工作对象，也就是弄明白会计是在和谁打交道。对于企业来讲，会计对象是指会计核算和监督的内容，即会计工作的客体。具体来说，会计对象是指社会再生产过程中能以货币表现的经济活动，即资金运动或价值运动。凡是特定主体能以货币表现的经济活动，都是会计核算和监督的内容，也就是会计的对象。

会计的对象和资金运动是分不开的，没有资金运动就没有会计对象。资金运动包括特定对象的资金投入、资金的循环与周转（即运用）、资金退出等过程。企业会计的对象就是企业的资金运动，表现为资金投入、资金运用和资金退出3个过程。

资金投入：包括企业从各种渠道筹集的资金，如所有者投入的资金、债权人借入的资金。这些资金是企业进行生产经营活动的物质基础。

资金运用：指企业在生产经营过程中将筹集到的资金用于购买原材料、支付工资、缴纳税费、进行投资等活动。资金运用是企业实现经济效益的关键环节。

资金退出：包括企业向所有者分配利润、偿还债务、缴纳税金等。资金退出是企业资金运动的终点，也是企业经济活动的结果体现。

在制造业当中，企业的资金或资本的运动，具体包括投入、使用、耗费、增值、收回、分配等活动，要经过采购、生产、销售3个环节，相应地采取货币资金、储备资金、生产资金、商品资金4种形态。

所以说，会计对象是会计工作的基础，通过对会计对象的核算和监督，可以清晰地了解经济活动的来龙去脉，为决策提供有力支持。

## 二、会计要素

由于会计对象的多样性，需要会计对象进行具体化，具体化的会计对象被称为会计要素。会计要素是对会计对象的基本分类，是用于反映会计主体财务状况、确定经营成果的基本单位。

2007年1月1日起施行的《企业会计准则——基本准则》，规定了6项会计要素，这6项会计要素分为两大类：第一类包括资产、负债和所有者权益3项，是构成资产负债表的要素，反映企业一个时点的财务状况；第二类包括收入、费用和利润3项，是构成利润表的要素，反映企业一定期间内的经营成果。

会计要素是会计工作的基本单位，它们共同构成了会计信息的核心内容。通过对会计要素的确认、计量和报告，可以清晰地反映企业的财务状况和经营成果，为企业的决策和管理提供有力的支持。

# 第二节　企业的根基——资产

在导入的故事中，李小姐拿出自己的积蓄18万元作为个人投资款存入面包店的银行账户，又从银行获得了一笔小额贷款20万元，租了一间铺面，买了两台机器及一些材料，随后，面包店于2024年1月1日正式营业了。经营了一个月之后，李小姐赚取了25 000元的利润。这时，李小姐想查查自己面包店的家底，于1月31日完成清点现金与银行对账并盘点存货。李小姐列出的财产清单如下：库存现金5 000元，银行存款359 000元，机器设备（固定资产）50 000元。这些库存现金、银行存款和机器设备是看得见摸得到的资产。还有一项4 000元的应收账款是1月份出售面包后尚未收回的资金，欠款人是客户甲，这4 000元属于客户甲的债务、李小姐的债权，这是双方共同认可的。接下来李小姐编制出一张反映面包店1月31日财务状况的报表，名叫资产负债表。如表2-1所示。

**表2-1　甜蜜面包坊资产负债表（简表）**

2024年1月31日　　　　单位:元

| 资产 | 金额 | 负债和所有者权益 | 金额 |
|---|---|---|---|
| 库存现金 | 5 000 | 银行借款 | 200 000 |
| 银行存款 | 346 000 | 实收资本 | 180 000 |
| 应收账款 | 4 000 | 未分配利润 | 25 000 |
| 固定资产 | 50 000 | | |
| 合计 | 405 000 | 合计 | 405 000 |

## 一、资产的概念及特征

资产是过去的交易或事项形成的，由企业拥有或者控制的，预期会给企业带来经济利益的资源。

资产有3个基本特征。首先，资产预期会给企业带来经济利益。资产资源必须具有创收的潜力，也就是具有能直接或间接增加流入企业的现金或现金等价物的潜力。其次，资产由企业拥有或控制。作为企业的资产，企业应该拥有该资源的所有权，即企业拥有对该资源自行使用或者处置的权利。最后，资产是由过去的交易或者事项形成的。资产是现实而不是预期的，它是企业过去已经发生的交易或者事项所产生的结果。未来交易或事项可能给企业带来的资源不能作为企业的资产。

李小姐的面包店拥有的现金、银行存款、固定资产及应收账款都具备了资产的上述特征。

## 二、资产的分类及内容

企业的资产分为流动资产和非流动资产，具体包括货币资金、各类应收及预付款项、存货、各种对外投资、固定资产等资产项目。

### （一）流动资产

流动资产是指企业可以在1年或者超过1年的一个营业周期内变现或者耗用的资产。包括货币资金、应收账款、其他应收款、预付账款、存货等。

在会计上，资产流动性强弱是指资产转化为货币资金的能力强弱或者是时间的快慢。按资产流动性强弱排列，排在第一的是货币资金。货币资金说白了就是钱，不管是存在银行里的钱，还是放在公司的钱，都是企业的货币资金。具体来说，货币资金包括库存现金、银行存款和其他货币资金3个项目，具有专门用途的货币资金不包括在内。

排在第二的是应收账款。应收账款是指企业因销售产品、提供劳务等经营活动应收取的款项。在销售产品的时候，时常有卖掉产品却收不到钱的情况发生，这可能是因为买方说不能马上付钱给卖方，而卖方又不想失去这个客户，所以愿意承担风险，让买方延迟付款。也有可能是因为同类产品的售卖者很多，为了和别人竞争，卖方必须向买方承诺一些优惠条件，比如延迟付款。在这些情况下，卖方便获得了收款的权利，这种收款的权利就叫作应收账款。

还有一种不是销售产品所得的特殊的应收款，反映企业对其他单位和个人的应收和暂付的款项，叫作其他应收款。比如，小红的A公司临时周转不开，向好朋友小张的B公司借了100万元，并承诺两周之后把钱还给B公司。这笔钱显然不是一项投资，或者说不是一项对外的贷款，因为小张的B公司没有向小红的A公司收取任何利息；但小张的B公司又必须在两周之后收回向小红的A公司的借款，没收到款之前，就形成了小张的B公司的一笔其他应收款。又比如，员工出差时向公司借的备用金，在员工用出差过程中产生的票据报销之前，在公司的账面上也是其他应收款。

接下来，还有预付账款。预付账款是指企业按照合同规定预付的款项。比如说货品相当紧缺，卖方可能会要求买方预付一笔定金，甚至要求买方预付所有的货款；买方为了拿到这紧缺的货品，也愿意提前把钱付给卖方，这样就产生了预付账款。只要买方没有获得产品，就都具有这笔预付账款的所有权，预付账款实际上是给买方带来了一种向卖方收款的权利。因此，预付账款也是一项重要的资产。

我们再来看看存货。存货是指企业在日常活动中持有以备出售的产成品或商品、处在生产过程中的在产品、在生产过程或提供劳务过程中耗用的材料和物料等。即生产产品所需的“原材料”、生产出来的“产成品”，以及尚且处在生产过程中的没有完工的“在产品”。存货的价值在出售或生产过程中逐渐降低或消耗掉，流动性较强，可以在相对较短的时间内通过销售转换为现金。存货是企业日常经营活动中不可或缺的一部分，它们构成了产品成本的主要组成部分，并通过销售实现企业的价值。

**（二）非流动资产**

非流动资产是指流动资产以外的资产。包括长期投资、固定资产、无形资产等。

长期投资，是指不满足短期投资条件的投资，即不准备在1年或长于1年的经营周期之内转变为现金的投资。按其性质分为长期股票投资、长期债券投资和其他长期投资。比如说，小张参股别的公司，持有股权；组建一个子公司，小张持有这家子公司的股权；又或者持有债券……只要是长期持有的股权和债券，都算是小张的长期投资。所以在长期投资中，既有股权性质的投资，也有债权性质的投资。

企业生产经营要购置厂房、生产设备等生产设施，这些生产设施的目的不是直接出售，而是用来生产产品，会计上把企业自己使用的有形资产叫固定资产。固定资产，是指企业为生产产品、提供劳务、出租或经营管理而持有的使用寿命超过一个会计年度的有形资产。它能够为企业长期提供服务、长期创造收益。固定资产的价值一般相对较大，使用时间相对较长，能长期地、重复地参加生产过程，而且其在生产过程中虽然会发生磨损，但是并不改变它本身的实物形态。固定资产有的是生产经营类的，比如厂房、机器设备；有的是管理部门使用的，比如电脑、商务车。

**注意！**

一个用了5年的杯子，也算是固定资产吗？其实，谁也不会觉得一个杯子就是固定资产，因为它实在值不了多少钱。所以固定资产不仅必须满足使用时间长这一条件，还需要具有较高的价值。

值得注意的是，固定资产虽然可以长期参加企业的生产经营活动而仍然保持其原有的实物形态，但其内在的服务潜力会随着时间的推移和资产的使用而逐渐衰竭乃至消失。在使用的过程中，固定资产会逐渐损耗，其价值也会随着损耗逐渐降低。因此，会计在记账的时候，还需要不断描述这个损耗的量，即折旧。固定资产折旧就是对固定资产由于磨损和损耗而转移到成本或费用中去的那一部分价值的补偿。(有关折旧的会计处理我们将在后面讲解)

无形资产，是指企业拥有或者控制的没有实物形态的可辨认非货币性资产。包括专利权、非专利技术、商标权、著作权、土地使用权等。

**注意!**

特别强调的是，在世界上的很多国家，企业和个人是可以拥有土地的所有权的，在这种情况下，土地就不是无形资产，而是固定资产。而在我国，企业和个人都不能拥有土地所有权，只能拥有使用权，所以土地使用权是一项无形资产。

### 小问答

问：企业账面的资产真的能变现为可用资金吗?

答：这就要看资产的流动性。能够在较短时间内转化为货币资金的资产，属于流动性强的资产。若各项流动资产按转换为现金的速度来排序，货币资金是排在第一位的，因为货币资金本来就是钱；应收账款只要能收回来就能变成钱，排在第二位；存货需要把它变成应收账款，然后才能变成现金，所以排在应收账款后面。流动资产总能很快地完成“从现金开始又回到现金”的过程。非流动资产要完成这个过程则需要一段漫长的时间。比如说设备，它虽然也能在生产中发挥自己的价值，但它要经过无数次的生产，直至最后将自己消耗殆尽，才能完成转换为现金的过程。因此流动资产与非流动资产的差异主要在于是否能在一个循环之内将其完全变为现金。

## 第三节　借鸡生蛋——负债

### 一、负债的概念

负债是指过去的交易或者事项形成的，预期会导致经济利益流出企业的现实义务。简单来说，负债是企业欠别人的债务，将来是要偿还的。

负债必须符合3个条件。其一，必须是企业的过去交易或事项形成的现实义务，欠银行的借款、欠职工的工资、欠供应商的材料款都是负债，但是不包括将来所要发生的负债，将来的负债不属于现在承担的偿还义务。其二，负债具有期限或期限可预计，银行借款有明确的到期日，欠供应商的货款也有信用期限，欠职工的工资也能估算出期限。其三，负债的清偿预期会导致经济利益流出。

俗话说："有借有还，再借不难。"负债到期需要偿还，偿还负债的方式一般需要用资产或劳务清偿，清偿债务会导致经济利益流出企业。通俗地说，负债是借助于外部资金充实自己企业的资产。可以打个比方：企业向银行借款产生负债，就像是借了一只鸡，让它下蛋之后再把鸡归还，这样企业能得到的其实是它所生下的蛋，也就是利用借来的资金所产生的价值。

在导入的故事中，李小姐面包店的银行借款、应付账款就是负债。

### 二、负债的分类及内容

企业的负债分为流动负债和非流动负债，具体包括各种借款、各种应付应交款和预收款项、应付债券等负债项目。

#### （一）流动负债

流动负债是指在1年或者超过1年的一个营业周期内需要偿还的债务。主要包括短期借款、应付账款、应付票据、其他应付款、预收账款、应付职工薪酬、应付福利费、应付股利、应交税费、预提费用和1年内到期的长期借款等。

短期借款是指企业用来维持正常的生产经营所需的资金，或为抵偿某项债务而向银行或其他金融机构等外单位借入的、还款期限在1年以内（含1年）的一个经营周期内的各种借款。

应付账款是指企业因购买材料、物资和接受劳务供应等而应该付给供货单位的账款，也就是企业购买商品或接受服务而形成的未付款项。应付账款主要用于记录企业与供应商之间的债务关系。

应付票据是指企业签发、承诺在一定时间内支付的票据，如支票、汇票。通常用于企业之间的交易或者向银行融资。

其他应付款是指企业在商品交易业务以外发生的应付和暂收款项。比如小红的公司由于周转不灵，向小张的公司借款100万元。对于小张的公司来说，这100万元是其他应收款；而对于小红的公司来讲，这笔钱就叫其他应付款，是一笔负债。

预收账款是指买卖双方协议商定，由购货方预先支付一部分货款给供应方而发生的一项负债。比如买方向供应商付出一笔预付账款，供应商就因而肩负着必须给买方发货的责任，这责任就是一笔负债，即预收账款。

企业除了会欠银行、供应商和客户的钱，还会欠谁的钱？是员工。几乎所有的企业都会欠员工的钱。大部分的企业都是在下个月付上个月的工资，这样就产生了一个问题。比如说，小张的公司在每个月3日向员工支付上个月的工资，但是在上个月月底的时候，会计就要做报表了，在会计做报表的时间点，小张的公司还没有为员工支付工资，但员工已经为小张的公司工作一个月了，所以这时候小张的公司就产生了一笔要给员工支付工资的负债，即应付职工薪酬。

除此之外，所有公司还会欠税务局的钱，欠款原因与欠付员工工资的原因相同。即大部分公司都是在下个月向税务局缴纳上个月的税款，那么在上个月月底会计做报表的时候，就出现了企业已经发生经营行为却未向税务局缴税的情况。因此，对于企业而言，就又多了一笔负债，即应交税费。

以上各项负债均为流动负债，是几乎每个公司都要面临的。

**（二）非流动负债**

非流动负债是指偿还期在1年或者超过1年的一个营业周期以上的债务。非流动负债的主要项目有长期借款、应付债券等。

长期借款是指企业从银行或其他金融机构借入的期限在1年以上（不含1年）的借款。

应付债券是指企业为筹集资金而对外发行的期限在1年以上的长期借款性质的书面证明，是约定在一定期限内还本付息的一种书面承诺。

# 第四节　企业权益的保障——所有者权益

## 一、所有者权益（股东权益）的概念

形成企业资产的资金来源有两个方面，一个是来自债权人，一个是来自投资者（所有者）。债权人对企业资产的要求权形成企业负债，而所有者资产的要求权形成企业的所有者权益。

所有者权益是指企业的资产扣除负债后由所有者享有的剩余权益，包括企业所有者投资及其增加的权益。

### 小问答

问：净资产就是所有者权益吗？

答：资产扣除负债后剩余的被称为净资产，这个净资产是归谁？是归所有者（投资者）。企业的投资者对企业净资产的所有权就是所有者权益。所以我们可以说所有者权益在数额上就是净资产。

## 二、所有者权益的特征

所有者权益必须具备以下4个主要特征，这些特征是所有者权益属性的根本体现，也是区别于负债的标准。

一是无需偿还。所有者权益，在企业经营期内可供企业长期持续的使用，除非发生减资清算，企业不必向投资人返还资本金，而负债则需按期返还给债权人，成为企业的负担。二是可分享企业利润。企业所有人凭借对企业投入的资本享受税后分配利润的权利，所有者权益是企业分配税后净利润的主要依据，而债权人除按规定取得利息外，无权分配企业的盈利。三是具有经营管理权。企业所有人有权行使企业的经营管理权，或者授权管理人员行使经营管理权，但债权人并没有经营管理权。四是要求权置后。企业在清算时，所有者权益的清偿列在负债之后，而债权人一般不承担企业的亏损。所有者权益在性质上体现为所有者对企业的剩余权益，在数量上也体现为资产减去负债后的余额。因此，所有者权益的确认是由资产和负债的确认而决定的。所有者权益是用来反映企业财务状况和权益保障程度的，对企业的生存与发展有决定性的作用。

## 三、所有者权益的分类及内容

所有者权益实际上包含两部分：一部分是所有者投入进去的，如实收资本、资本公积；另一部分是投资者投入进去，运营后产生利润累积留存在企业，从而形成增加的一项属于所有者的权益，如盈余公积、未分配利润。

实收资本是指在注册资本范围内投资者投入进来的资本。资本公积则是超出注册资本范围以外，所有者投入的资金。比如说，一家上市公司发行了1亿股的股票，假设每股的面值是1元，那就意味着这1亿股对应着1亿元的股本，如果每股售价为20元，那就相当于筹集了20亿元资金，在这20亿元的资金里，只有1亿元是股本，剩下的19亿元就是资本公积。

实收资本和资本公积都属于投入的资金，但有很大的不同。

比如说，小张打算投资小黄的公司，投资之后，小张和小黄各占公司50%的股份。小黄在刚刚创立公司的时候，投入了100万元，那么，现在为了获取和小黄相同的股权比例，小张是否也要投入100万元？显然不是。经过多年的经营，小黄的公司已经积累了相当多的财富和资本，现在小张为了获得该公司50%的股权，可能要投入500万元。那问题来了——如何去记录小张的投资呢？

我们将小黄投入的100万元当作股本，将小张投入的500万元中的100万元也当作股本，而剩下的400万元则被放入资本公积里。值得说明的是，放在公司的资本公积的400万元可不是小张独有的，它是所有股东共有的。也就是说，小张拥有400万元资本公积中的200万元，小黄也同样拥有200万元。换句话说，小张刚投进来的500万元，变成了300万元（100万＋200万），小张也因此损失了200万元。既然如此，小强为什么还要做这赔本的买卖呢？显然，在小张看来，损失200万元就能换来小黄公司50%的股权，相当值得。这种情况通常发生在投资者对被投资公司的未来收益看好的前提之下。

公司并没有把自己赚到的所有钱都分配出去，还留下了一部分在企业，这部分被称为留存收益。留存收益有两项，一项是盈余公积，另一项是未分配利润。简单说来，盈余公积是法律不让我们分配的利润，而未分配利润是企业自己不想分的利润。

盈余公积是指企业按照规定从净利润中提取的各种积累资金。我国的公司法规定，一个公司有了盈利之后，必须留存至少10%作盈余公积。那也就是说，如果小黄的公司今年赚了1 000万元，那就必须将至少100万元当作盈余公积。用作盈余公积的100万元是不能被分配的，而剩下的900万元，所有者则可以自由分配。

未分配利润是指企业未作分配的利润。它在以后年度可继续进行分配，在未进行分配之前，属于所有者权益的组成部分。比如小黄和小张就决定对剩余的900万元盈利作规划：由于公司明年打算进行投资，需要一些钱，他们决定留下一些利润，只分掉其中的300万元，而将剩余的600万元用于明年的投资。这剩余的600万元就是未分配利润。

我们看到，在李小姐的面包店中，除李小姐投入的资本以外，1月份赚取的利润2.5万元也被列入了所有者权益。

资产、负债和所有者权益这3个反映企业财务状况的会计要素在李小姐的面包店的具体表现是，李小姐成立面包店，事先得筹集资金、选定地点、租铺面，还要购置各种设备、招聘人员才能正常运营。李小姐的面包店拥有的烘焙设备、高品质的原材料库存等，这些可以称为其面包店的资产，是她日常经营活动的基础。李小姐向银行贷款购买了烘焙设备和首批原材料，贷款是她的负债，需要通过经营收入来逐步偿还。李小姐投入了自己的积蓄作为初始投资，这构成了她在面包店的所有者权益，随着面包店的盈利，这部分权益会逐渐增加。

## 第五节　企业生存的基础——收入

前面已经提到李小姐的面包店在1月份赚取了2.5万元的利润。下面我们进一步分析面包店1月份发生的经济业务，探讨收入、费用及利润的来龙去脉。

2024年1月1日至31日，面包店的经营情况如下：

生产销售法式长棍面包3 000条，羊角面包6 000个，巧克力蛋糕300个，草莓奶油泡芙1 500个，苹果派600个。共收入12万元，其中收到货款11.6万元存入银行，尚有4 000元为老客户的赊账。购买原材料（面粉、酵母、糖、巧克力等）5万元，水电和燃气费用5 000元（其中生产用水电和燃气费用4 000元），店铺租金5 000元，人员工资3万元（其中生产工人工资2.2万元），其他费用5 000元。

### 一、收入的概念及特征

“收入”这个词用得很广泛，常常听到人们说起，但从会计角度要怎样理解呢？

收入是指企业日常活动中形成的、会导致所有者权益增加的、与所有者投入资本无关的经济利益的总流入。

收入有两大特征：第一，收入是从企业日常活动中产生的，而不是从偶发的交易或事项中产生的；第二，收入可能表现为资产的增加或负债的减少，或二者兼而有之，最终导致企业所有者权益增加。收入只有在经济利益很可能流入企业，从而导致企业资产增加或者负债减少，且经济利益的流入金额能够可靠计量时，才能给予确认。同时符合收入定义和收入确认条件的项目，应当作为收入列入利润表。增加收入是企业经营的动力，对企业的生存与发展有决定性作用。

## 二、收入的分类及内容

按日常活动在企业中所处的地位不同，收入可分为主营业务收入和其他业务收入。

主营业务收入是企业为完成其经营目标而从事的日常活动中的主要项目，如制造企业销售商品的收入。

其他业务收入是指其他日常活动所取得的收入，如制造业销售原材料收入、提供非工业性劳务收入。

企业的收入主要来自销售商品、提供劳务和让渡资产的使用权3个途径。但是根据企业主营业务的不同，这3种收入可能分别属于不同的收入类别。比如制造业企业，主营业务是制造并销售商品，因此对制造业企业而言，同样是销售获得的收入，销售制造的商品属于主营业务收入，但销售原材料属于其他业务收入。提供劳务收入和让渡资产使用权的收入也是同样的道理。

定义里的日常活动是指企业为完成其经营目标所从事的经常性活动及与之相关的其他活动。例如，面包店销售面包及糕点的业务就属于日常活动。收入必须产生于企业的日常活动，而不是产生于无法预测的偶发交易或事项。收入会引起所有者权益的增加，但引起所有者权益增加的事项不一定都带来收入。例如，李小姐对面包店的投资也会引起所有者权益的增加，但它并不属于收入。

收入会导致资产的增加或负债的减少。我们看到面包店1月份收到存入银行的货款11.6万元，增加了面包店的银行存款这项资产。而老客户未付款的4 000元带来的是一项债权——应收账款的增加，这笔应收账款预期会在下月收回，引起货币资金的流入。故应收账款的增加也属于企业资产的增加，也就是说没有货币资金流入的应收账款4 000元也属收入。面包店1月份的主营业务收入为12万元，即11.6万元加4 000元。

小问答

问：企业收入等于钱吗?

答：企业的收入不等于钱。收入是一个更广泛的经济概念，它涵盖了企业在一定时期内通过销售商品、提供劳务等方式获得的货币和非货币形式的收益总和。虽然大部分收入以货币形式体现，但也可能包括实物、服务、权益等其他形式的收益。因此，企业的收入并不完全等同于钱。

## 第六节　谁在掏空企业——费用

### 一、费用的概念及特征

相对于收入来说，费用可以说是掏空企业的祸首。费用是指企业在日常活动中发生的、会导致所有者权益减少的、与向所有者分配利润无关的经济利益的总流出。

费用的基本特征也有两点：一是费用是企业在日常活动中发生的经济利益的流出；二是费用可能表现为资产的减少或负债的增加，或二者兼而有之，最终导致企业所有者权益减少。但要注意的是，并非所有的资产的减少或负债的增加所引起的所有者权益的减少都是企业的费用，比如说收回投资、分配利润就不属于费用的发生。减少费用支出是企业经营的一个努力方向，对企业的生存与发展有很重要的作用。

### 二、费用的分类及内容

按经济用途的不同，费用可以分为营业成本和期间费用。营业成本计入产品的成本，包括直接材料、直接人工和制造费用。期间费用不计入成本，而计入损益，包括管理费用、销售费用和财务费用。

依据会计准则的规定，费用只有在经济利益很可能流出企业，从而导致企业资产减少或者负债增加，且经济利益的流出金额能够可靠计量时，才能给予确认。同时符合费用定义和费用确认条件的项目，应当作为费用列入利润表。

我们再来分析李小姐的面包店1月份的费用情况：

购买原材料（面粉、酵母、糖、巧克力等）5万元，全部支付无赊欠。水电和燃气费用5 000元（其中生产用水电和燃气费用4 000元），店铺租金5 000元，人员工资3万元（其中生产工人工资2.2万元），其他费用5 000元。共计9.5万元，都用银行存款支付，这引起资产的减少，都应计入费用。凡是能够直接认定受益对象的费用，我们可以称之为成本。例如，生产面包糕点用的原材料5万元，生产工人工资2.2万元以及生产用水电和燃气费用4 000元，共计7.6万元，就属于营业成本，可以用销售面包糕点的营业收入12万元直接补偿。剩下的1.9万元费用则为营业费用，属于期间费用，不需要认定具体受益对象，这类费用可以进一步划分为销售费用、管理费用和财务费用等。

## 第七节　企业最终得到了什么——利润

### 一、利润的概念

一定时期企业的收入与费用在相同衡量标准之下的配比，会形成企业的经营成果。利润是指企业在一定会计期间的经营成果。由于一定时期的收入引起所有者权益的增加，费用引起所有者权益的减少，而利润又是收入与费用相减得到的结果，可以说，获得利润是企业的经营目标，也是企业最终的经营成果。

### 二、利润的分类及内容

利润包括收入减费用的净额，以及直接计入当期损益的利得和损失。

直接计入当期损益的利得和损失，产生于企业非日常活动引起的偶发交易或事项，如固定资产报废清理损益、罚款收入或罚款支出、接受捐赠或者对外捐赠，体现为营业外收入或营业外支出。

从利润的层次来看，利润包括营业利润、利润总额和净利润3个层次，通过下面的公式直观地了解：

营业利润＝营业收入－（营业成本＋营业税金及附加＋期间费用）

利润总额＝营业利润＋直接计入当期利润的利得－直接计入当期利润的损失

净利润＝利润总额－所得税

企业实现的利润是属于所有者的，企业发生的亏损最终也应由所有者承担。因此，当利润大于0，也就是实现利润时，一方面表现为资产的净增加或负债的净减少，另一方面表现为所有者权益的增加；而当利润小于0，也就是发生亏损时，一方面表现为资产的净减少或负债的净增加，另一方面表现为所有者权益的减少。

现在我们可以编制出面包店1月份的利润表（见表2-2），很明显利润为正数，表明李小姐的面包店在1月份是赚钱的，对于李小姐来说，利润不仅意味着她的努力得到了回报，也是面包店未来发展和扩张的基础。

**表2-2　甜蜜面包坊2024年1月份简化利润表**

单位:元

| 营业收入 | 120 000 |
|---|---|
| 减:营业成本 | 76 000 |
| 　营业费用 | 19 000 |
| 营业利润 | 25 000 |
| …… | |
| 利润总额 | 25 000 |
| 净利润 | 25 000 |

会计要素是反映企业财务状况和经营成果的基本元素。通过李小姐的面包店的小案例及其简化的资产负债表和利润表，我们学习了六大会计要素，即反映企业财务状况的静态会计要素——资产、负债、所有者权益，以及反映企业经营成果的动态会计要素——收入、费用、利润。后面的财务报表的内容，我们将进一步探讨资产负债表和利润表的具体内容及编制。

## 小问答

问：利润等于现金流吗？

答：什么叫“有收入却不等于收到现金”？比如说，企业销售产品，产品已发出，没有收到货款，形成了应收账款，应收账款还没收回来，这就是有收入但还没收到现金。什么叫“收到了钱却没有收入”？比如说，预收了人家的货款却还没有发货，这笔预收货款就不能算是自己销售产品的收入。什么叫“有费用却不需要付出现金”？比如说，虽然固定资产在不断损耗，形成了费用，但用不着给别人付钱。

什么叫“付出了现金却没有产生费用”？比如说，企业预缴了下一年的房租，付出了现金，换回了这所房子在下一年的使用权，得到了一项资产，却没有产生这一期间的费用。

收入减去所有的成本费用等于利润，而收到的所有现金减去付出的所有现金就是“现金流”，因此，以上4条论述加在一起就可以得到答案：利润不等同于现金流。

## 第八节　会计平衡之美——会计等式

会计是最能体现平衡艺术的学科之一，下面我们一起来认识会计等式，体验会计平衡的奥秘。

前面我们学习了六大会计要素的内容，那它们之间有什么样的数量关系呢？

在会计核算中反映各个会计要素数量关系的等式，称为会计等式，又称会计方程式、会计平衡公式。

### 一、静态会计等式

首先看一个案例：假设M公司2024年1月1日成立，该公司主营业务为饮料生产和销售。出资人甲向公司投入资产总额50万元，其中，现金2万元，原料10万元，房屋和机器设备38万元。又向银行借入短期借款20万元，存入公司的银行存款账户。

我们看一下M公司2024年1月1日的资金状态：

M公司拥有的东西有：原料（10万元），房屋和机器设备（38万元），现金（2万元），银行存款（20万元）。M公司拥有的东西，我们称之为资产，总计70万元。这些资产是怎么来的？银行存款20万元是从银行借入的，成为M公司的短期借款，借款是要还的，我们称之为负债。原料、房屋机器及现金共50万元是出资人投进来的，成为M公司的实收资本，出资人对这些资产有要求权，我们称之为所有者权益。负债和所有者权益合计是多少？20万元加50万元等于70万元，和资产是相等的，因此我们可以得到：

资产＝负债＋所有者权益　（等式1）

等式1的存在，表明了资产是资金的使用，负债和所有者权益是资金的来源，权益包括了债权人权益（负债）和所有者权益。资产和权益实际是企业所拥有的经济资源在同一时点上所表现的不同形式。资产表明的是资源在企业存在、分布的形态，而权益则表明了资源取得和形成的渠道。资产来源于权益，与权益必然相等。

这一会计等式是最基本的会计等式，也称为静态会计等式、存量会计等式，既表明了某一会计主体在某一特定时点拥有的各种资产，同时也表明了这些资产的归属关系。它是设置账户、复式记账以及编制资产负债表的理论依据，在会计核算体系中有着举足轻重的地位。

## 二、动态会计等式

企业的目标是从生产经营活动中获取收入，实现盈利。企业在取得收入的同时，必然要发生相应的费用。将一定期间的收入与费用相比较，收入大于费用的差额为利润；反之，收入小于费用的差额则为亏损。因此，收入、费用和利润3个要素之间的关系可用公式表示为：

收入－费用＝利润　（等式2）

这3个要素都是动态会计要素，是构成利润表的3个要素，所以等式2又叫动态会计等式，或利润表等式。表明了企业在某一会计期间所取得的经营成果，是编制利润表的理论依据。

在上述案例中，假设M公司2024年1月1日至1月31日，取得产品销售收入6万元，发生成本费用支出3.5万元，则1月份的利润为：收入－费用＝6万－3.5万＝2.5万元，反映的是M公司1月份这个月的经营成果。

## 三、扩展会计等式

等式1与等式2之间又有什么关系？

再假设M公司当月所发生的全部收入（6万元）收到现金，而费用（3.5万元）是耗费的原料成本，没有发生与负债有关的活动，那么，月末即1月31日M公司的财务状况又是怎么样的呢？

资产方面，原料耗费了即减少3.5万元，收到现金，现金增加6万元，房屋和机器设备及银行存款不变，则资产＝70万＋6万－3.5万＝72.5万元。

权益方面，负债不变（20万元），实收资本不变（50万元），本月利润2.5万元，利润是属于所有者的，这时负债＋所有者权益＋利润＝20万＋50万＋2.5万＝72.5万元。

因此，企业生产经营活动产生收入、费用、利润后，基本会计等式就会演变为：

资产＝负债＋所有者权益＋利润

　　＝负债＋所有者权益＋（收入－费用）

或者移项后得到：资产＋费用＝负债＋所有者权益＋收入

我们把以上3个等式都称为等式3，也称扩展会计等式（或综合会计等式），反映了等式1和等式2的关系。

由此可见，M公司1月1日的资产是70万元，等于负债＋所有者权益。1月份1个月的利润是2.5万元。1月31日，由于有了利润，资产增加了，为72.5万元。月末结账，利润2.5万元结转为未分配利润，成为所有者权益的一部分，这时资产＝负债＋所有者权益，又回到1月1日的等式，只不过数额发生了改变，从原来的70万元变成72.5万元。

这说明，当发生经济业务，会计要素数额会随之变动，但“资产＝负债＋所有者权益”这个等式关系是永远存在的，因此，我们把“资产＝负债＋所有者权益”等式也叫恒等式。等式的变化过程如图2-1所示。

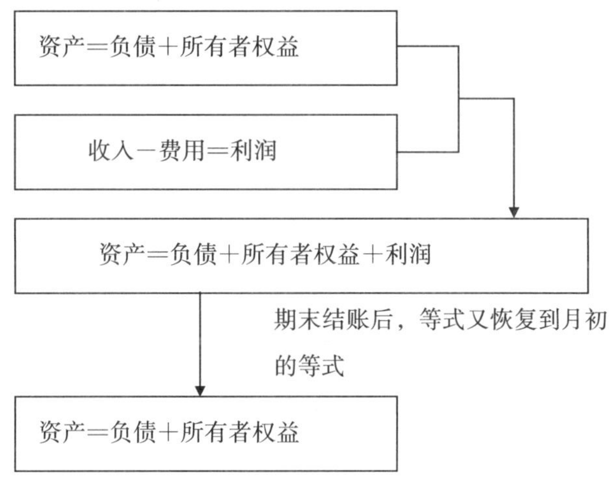


图2-1　等式的变化过程

等式1是基本会计等式。等式2属于基本等式的补充。等式3则综合反映了六要素之间的关系，是对基本等式的发展，它将财务状况要素资产、负债、所有者权益及经营成果要素收入、费用、利润进行了有机结合，完整地反映了企业财务状况和经营成果的内在联系。

平衡是自然环境和社会环境中最主要的美的呈现形式，不仅有静态的形式，更有动态的存在。会计是所有学科中最能体现平衡艺术的其中之一，会计等式、借贷记账、试算平衡都完美展现了会计平衡，平衡永远是会计的主题。相信在接下来的会计学习中，将感受到更多的会计平衡之美！

## 本章学习思考

### 重点概念

会计对象　会计要素　资产　负债　所有者权益　收入　费用　利润　会计等式　静态会计等式　动态会计等式　基本等式　扩展等式

### 练习题

**一、单项选择题**

1. 利润是企业在一定会计期间的（　　）。

A. 经营收入　　B. 经营毛利　　C. 经营成果　　D. 经营效益

2. 下列各项中，属于流动资产的有（　　）。

A. 应收账款　　B. 运输设备　　C. 专利权　　D. 预收账款

3. 会计对象的具体化，可称为（　　）。

A. 会计科目　　B. 会计要素　　C. 经济业务　　D. 账户

4. 下列各项中，属于所有者权益的有（　　）。

A. 房屋　　B. 银行存款　　C. 短期借款　　D. 未分配利润

5. 下列会计等式中，正确的是（　　）。

A. 资产＝负债＋所有者权益　　B. 资产＝负债－所有者权益

C. 资产＋负债＝所有者权益　　D. 资产＋所有者权益＝负债

**二、多项选择题**

1. 收入的取得可能会影响的会计要素有（　　）。

A. 资产　　B. 负债　　C. 费用

D. 所有者权益　　E. 利润

2.下列项目中，属于流动资产的有（　　）。

A. 设备　　B. 完工产品　　C. 银行存款

D. 应收账款　　E. 长期股权投资

3. 下列等式中，在不同情况下成立的有（　　）。

A. 资产＝负债＋所有者权益

B. 收入－费用＝利润

C. 资产＝负债＋所有者权益＋（收入－费用）

D. 资产＋费用＝负债＋所有者权益＋收入

E. 资产＋收入＝负债＋所有者权益＋费用

## 拓展思考

会计要素和会计等式的应用：

1. 会计要素与会计等式在会计实践中的重要性是什么？
2. 在理解和运用会计要素与会计等式时，需要注意哪些关键点？

# 第三章　会计大厦的砖瓦——会计科目和账户

## 学习目标

(1) 理解会计科目和账户的概念；

(2) 理解各会计科目和账户的关系；

(3) 掌握账户的结构和内容。

## 故事导入

前面我们讲过了李小姐的甜蜜面包坊的会计要素的故事，今天，我们继续通过甜蜜面包坊的日常运营，来讲述它会计要素下的会计科目的故事。

一、资产篇：烤箱的魔力

清晨，阳光透过窗户洒在甜蜜面包坊里，李小姐正准备开始她的一天。她首先检查了那台陪伴她多年的大烤箱——这是她的“固定资产”。烤箱虽然老旧，但每次都能完美地完成烘烤任务，为小店带来无数美味的面包和蛋糕。李小姐知道，这台烤箱是她宝贵的资产，是创造财富的重要工具。

二、负债篇：面粉的约定

接着，李小姐拿起手机，给面粉供应商张叔发了个信息，预订了一批新鲜的面粉。这批面粉的货款，李小姐打算月底结算，这是她的“应付账款”。她在心里默默盘算着，如何合理安排资金，既保证原材料供应不断，又不至于让小店陷入资金紧张的境地。

三、所有者权益篇：李小姐的梦想基金

随着顾客们陆续进店，李小姐的脸上洋溢着笑容。她心里清楚，每卖出一个面包/蛋糕，都是对她辛勤付出的肯定，也是她“所有者权益”的一部分。她梦想着有一天能用这些积累下来的钱，扩大面包店的规模，甚至开一家分店。

四、收入与费用篇：甜蜜与成本的较量

午后，甜蜜面包坊里弥漫着诱人的香气，各式各样的糕点让人目不暇接。每当有顾客买单时，李小姐都会认真地记录下每一笔“主营业务收入”。同时，她也没忘记计算那些看不见的“成本”——面粉、糖、黄油等原材料的费用，还有水电费、员工工资等“营业费用”。她深知，只有收入大于费用，小店才能持续盈利，继续为更多人带去甜蜜。

五、利润篇：幸福的果实

夜幕降临，李小姐坐在桌前，开始整理一天的账目。她仔细核算了各项收入和费用后，发现今天又有了一笔不小的“净利润”。这份利润，不仅仅是金钱上的收获，更是对她用心经营、不断创新的肯定。她想着，或许可以用这部分利润来举办一次顾客回馈活动，让更多的人感受到面包店的温暖与甜蜜。

## 第一节　进入会计系统的通行证——会计科目

### 一、会计科目的含义

会计记录的对象是企业的资金运动，我们可以把它具体化为6个会计要素，但6个会计要素还是太简化了，因为企业的经济活动很多时候很复杂，对于复杂的业务就需要进一步分类。我们把相同性质的经济事项归为一类，并明确其核算内容，这些分类在会计上被称为会计科目。会计科目是按会计要素的具体内容进一步分类的项目名称，是设置账户和登记账簿的依据，是将经济业务转入会计系统的通行证。

为了反映各个要素的内容，就要相应设置各个会计科目。比如，为了反映资产要素，要设置库存现金、原材料等会计科目；为了反映负债要素，要设置应付账款、应缴税费等会计科目；为了反映收入要素，要设置主营业务收入、其他业务收入等会计科目。在前面李小姐面包店的资产负债表简表中，资产要素下的库存现金、银行存款，负债以及所有者权益要素下的银行借款、实收资本等，都属于会计科目。

### 二、会计科目的分类

#### （一）按经济内容分类

会计科目经济内容就是会计要素的内容，会计要素有6类，会计科目也相对应地划为6类，分别是资产类、负债类、所有者权益类、收入类、费用类和利润类。

**（二）按级次分类**

1. 总分类科目

总分类科目亦称一级科目或总账科目。是对会计要素的具体内容进行总括分类的账户名称，是进行总分类核算的依据。总分类科目由财政部统一制定，以会计核算制度的形式颁布实施。制造业企业的常用会计科目如表3-1所示。

**表3-1　制造业企业的常用会计科目表**

| 序号 | 编号 | 科目名称 | 序号 | 编号 | 科目名称 |
|---|---|---|---|---|---|
| 一、资产类 | | | | | |
| 1 | 1001 | 库存现金 | 2 | 1002 | 银行存款 |
| 3 | 1012 | 其他货币资金 | 4 | 1101 | 交易性金融资产 |
| 5 | 1121 | 应收票据 | 6 | 1122 | 应收账款 |
| 7 | 1123 | 预付账款 | 8 | 1131 | 应收股利 |
| 9 | 1132 | 应收利息 | 10 | 1221 | 其他应收款 |
| 11 | 1231 | 坏账准备 | 12 | 1401 | 材料采购 |
| 13 | 1402 | 在途物资 | 14 | 1403 | 原材料 |
| 15 | 1405 | 库存商品 | 16 | 1411 | 周转材料 |
| 17 | 1471 | 存货跌价准备 | 18 | 1511 | 长期股权投资 |
| 19 | 1512 | 长期股权投资减值准备 | 20 | 1601 | 固定资产 |
| 21 | 1602 | 累计折旧 | 22 | 1603 | 固定资产减值准备 |
| 23 | 1604 | 在建工程 | 24 | 1606 | 固定资产清理 |
| 25 | 1701 | 无形资产 | 26 | 1702 | 累计摊销 |
| 27 | 1703 | 无形资产减值准备 | 28 | 1801 | 长期待摊费用 |
| 29 | 1901 | 待处理财产损溢 | | | |
| 二、负债类 | | | | | |
| 30 | 2001 | 短期借款 | 31 | 2201 | 应付票据 |
| 32 | 2202 | 应付账款 | 33 | 2203 | 预收账款 |

**续表**

| 序号 | 编号 | 科目名称 | 序号 | 编号 | 科目名称 |
|---|---|---|---|---|---|
| 34 | 2211 | 应付职工薪酬 | 35 | 2221 | 应交税费 |
| 36 | 2231 | 应付利息 | 37 | 2232 | 应付股利 |
| 38 | 2241 | 其他应付款 | 39 | 2501 | 长期借款 |
| 40 | 2502 | 应付债券 | 41 | 2701 | 长期应付款 |
| 42 | 2801 | 预计负债 | | | |
| 三、所有者权益类 | | | | | |
| 43 | 4001 | 实收资本 | 44 | 4002 | 资本公积 |
| 45 | 4101 | 盈余公积 | 46 | 4103 | 本年利润 |
| 47 | 4104 | 利润分配 | | | |
| 四、成本类 | | | | | |
| 48 | 5001 | 生产成本 | 49 | 5101 | 制造费用 |
| 五、损益类 | | | | | |
| 50 | 6001 | 主营业务收入 | 51 | 6051 | 其他业务收入 |
| 52 | 6101 | 公允价值变动损益 | 53 | 6301 | 投资损益 |
| 54 | 6301 | 营业外收入 | 55 | 6401 | 主营业务成本 |
| 56 | 6402 | 其他业务成本 | 57 | 6403 | 营业税金及附加 |
| 58 | 6601 | 销售费用 | 59 | 6602 | 管理费用 |
| 60 | 6603 | 财务费用 | 61 | 6701 | 资产减值损失 |
| 62 | 6711 | 营业外支出 | 63 | 6801 | 所得税费用 |

## 小问答

问：为什么会计科目按经济内容分类分为6类而表3-1总账科目表中是5类呢？

答：资产、负债和所有者权益这3类会计要素和会计科目的名称及内容都是对应的。不同的是，收入类、费用类的要素是按会计期间归集用来计算企业损益的，在科目表中将这两类合并为一类，称为损益类科目。损益类科目到期末计算利润，将利润并入了所有者权益类。此外，企业在经营过程当中要计算产品的成本，要设置一个类别的科目即成本类科目，而成本类科目反映的是费用要素的内容，即从费用要素中分离出一个成本类。企业特别是制造业的成本信息是决策有用的重要信息之一，因此被单独归为一类。这些划分有助于会计信息质量要求的满足，包括相关性、可理解性和重要性。所以，按经济内容分类分出的资产、负债、所有者权益、收入、费用和利润6个类别与会计科目表中出现的资产、负债、所有者权益、成本、损益5个类别的科目是一致的，两种分类不矛盾。

2. 明细分类科目

明细分类科目是对总分类科目所含内容再作详细分类的会计科目。它所提供的是更加详细具体的指标。例如，在“应付账款”总分类科目下再按具体单位分设明细科目，具体反映应付哪个单位的货款。明细分类科目由企业根据需要自行设置，具有较大的灵活性。

为了适应管理上的需要，当总分类科目下设置的明细分类科目太多时，可在总分类科目与明细分类科目之间增设二级科目（也称“子目”）。二级科目所提供指标的详细程度介于总分类科目和明细分类科目之间。例如，在“原材料”总分类科目下，可按材料的类别设置二级科目“主要材料”“辅助材料”“燃料”等。由此可见，在设置二级科目的情况下，会计科目即分为3个级次：总分类科目（一级科目）、子目（二级科目）、明细分类科目（三级科目、细目）。总分类科目统辖下属若干个子目或明细分类科目。现以“原材料”科目为例，将会计科目按所提供指标详细程度分类，如表3-2所示。

**表3-2　会计科目按级次的分类举例**

| 总分类科目 | 明细分类科目 | |
|---|---|---|
| 一级科目 | 二级科目（子目） | 明细科目（细目） |
| 原材料 | 主要材料 | 圆钢 |
| | | 方钢 |
| | | 角钢 |
| | 辅助材料 | 油漆 |
| | | 润滑油 |

## 三、会计科目的编号

从会计科目表中我们可以看到，每个科目名称都对应一个顺序号，这是指这个科目在所有一级科目中的顺序排列号，顺序号后面还有编号，编号能准确说出会计科目的内容、性质与意义。会计科目编号一般是四位数，从左到右，分别代表大类、项目和科目。千位的1～6这6个数字分别代表资产类、负债类、所有者权益类、共同类、成本类、损益类这6个大类；百位代表大类之下项目的固定排列；十位、个位两位数代表的是项目下的科目，编号从01到99。比如编号1403，千位“1”代表的是资产类，百位“4”代表的是资产类中的“存货”这个项目，十位、个位“03”代表的就是具体科目“原材料”。

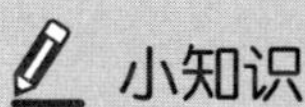

**常见会计科目解释大白话**

| 会计科目名称 | 核算内容 | 大白话 |
|---|---|---|
| 库存现金 | 企业为了满足经营过程中零星支付需要而保留的现金 | 放在企业保险柜里的钱 |
| 银行存款 | 企业存放在银行和其他金融机构的货币资金 | 放到银行的钱 |
| 其他货币资金 | 企业除现金和银行存款以外的货币资金 | 有专门用途的存款 |
| 应收票据 | 企业销售商品而收到购货单位开出并承兑的商业承兑汇票或银行承兑汇票 | 卖东西没收到钱，收了张票据 |
| 应收账款 | 企业因销售商品、提供劳务等经营活动应向购货方收取的款项 | 卖东西没收到钱，而有了一项债权 |
| 坏账准备 | 企业为了应对可能出现的坏账损失而预先计提的一种准备金 | 别人信用不好可能收不到的钱 |
| 预付款项 | 企业按照合同规定向供应单位预付购料款而与供应单位发生的结算债权 | 买东西，买家提前给的定金 |
| 应收股利 | 企业应收取的现金股利和应收取其他单位分配的利润 | 买股票赚的分红，还没收到 |
| 应收利息 | 企业因债权投资而应收取的1年内到期收回的利息 | 别人欠我的利息 |
| 其他应收款 | 应收票据、应收账款之外的应收或者暂付给其他单位和个人的款项 | 客户以外的各种应收、暂付的款项 |
| 材料采购 | 企业采用计划成本进行材料物资日常核算时外购材料的买价和各种采购费用 | 计划成本下，采购材料的成本 |

续表

| 会计科目名称 | 核算内容 | 大白话 |
| --- | --- | --- |
| 在途物资 | 企业采用实际成本进行材料物资日常核算时外购材料的买价和各种采购费用 | 实际成本下，买的材料还在路上 |
| 原材料 | 企业库存的各种材料 | 生产产品的材料（如做面包的面粉） |
| 库存商品 | 企业库存的外购商品、自制产成品、自制半成品、存放在门市部准备出售的商品等实际成本 | 比如做好的面包 |
| 固定资产 | 企业为生产产品、提供劳务、出租或者经营管理而持有的、使用时间超过12个月的，价值达到一定标准的非货币性资产 | 房子、车等可以用比较久的大件 |
| 累计折旧 | 企业在使用固定资产过程中，由于使用、磨损、技术陈旧等价值减少的总计 | 固定资产用得越久越不值钱（无形损耗） |
| 固定资产减值准备 | 固定资产发生损坏、技术陈旧或者其他经济问题，导致其可收回金额低于其账面价值的情况 | 跌价了 |
| 无形资产 | 企业为生产产品、提供劳务、出租给他人或为管理目的而持有的、没有实物形态的可辨认非货币性长期资产 | 看不见摸不着的资产 |
| 短期借款 | 企业向银行或其他金融机构借入的期限在1年以内（含1年）的各种借款（本金） | 向银行借，1年内需要还的 |
| 应付票据 | 企业采用商业汇票结算方式购买材料物资等而开出、承兑的商业汇票 | 买东西没付钱，开了张承兑的票据 |
| 应付账款 | 企业因购买原材料、商品和接受劳务供应等经营活动应支付的款项 | 买东西要付的钱，还没付 |
| 预收账款 | 企业在未发出商品时按照合同规定向购买单位预收的款项 | 卖家提前收的钱（定金） |
| 应付职工薪酬 | 企业职工薪酬的确认与实际发放情况 | 应付未付的工资 |
| 应交税费 | 企业根据一定时期内取得的营业收入、实现的利润等，按照现行税法规定，采用一定的计税方法计提的应缴纳的各种税费 | 应交未交的税费 |
| 应付利息 | 企业按照合同约定应支付的利息，包括吸收存款、分期付息到期还本的长期借款、企业债券等应支付的利息 | 应付未付的利息 |
| 应付股利 | 企业应付未付的现金股利或利润 | 应付未付的股利 |
| 其他应付款 | 与企业的主营业务没有直接关系的应付、暂收其他单位或个人的款项 | 客户以外各种应付、暂收的款项 |

续表

| 会计科目名称 | 核算内容 | 大白话 |
| --- | --- | --- |
| 长期借款 | 企业向银行或其他金融机构借入的偿还期限在1年以上或超过1年的一个营业周期以上的各种借款 | 向银行借,需要还的时间大于1年的 |
| 应付债券 | 企业为筹集资金而对外发行的期限在1年以上的长期借款性质的书面证明,约定在一定期限内还本付息的一种书面承诺 | 应付未付的债券 |
| 实收资本 | 企业接受投资者投入企业的实际资本 | 有限公司股东投资注册资本的钱 |
| 资本公积 | 企业收到投资者出资超出其在注册资本中所占的份额 | 超出注册资本的溢价 |
| 盈余公积 | 企业从净利润中提取的各种积累资金 | 赚钱了,提取一部分放企业以备不时之需 |
| 本年利润 | 企业在一定时期内净利润的形成或亏损的发生情况 | 本期的盈亏 |
| 利润分配 | 企业在一定时期内净利润的分配或亏损的弥补以及历年结存的未分配利润(或未弥补亏损)情况 | 把赚的钱分出去,累计的盈亏 |
| 生产成本 | 企业生产过程直接材料、直接人工和制造费用成本 | 生产投入的材料、人工、转入的制造费用 |
| 制造费用 | 企业生产车间发生的,不能直接归属于某产品对象的间接制造成本 | 生产车间的水、电等间接费用 |
| 主营业务收入 | 企业根据收入准则确认的销售商品、提供劳务等主营业务的收入 | 主业销售的收入 |
| 其他业务收入 | 企业根据收入准则确认的除主营业务以外的其他经营活动实现的收入 | 副业销售的收入(如销售材料) |
| 营业外收入 | 与企业日常营业活动没有直接关系的各项利得 | 与经营无关的意外的收入(如罚款收入) |
| 投资收益 | 企业或个人对外投资所得的收入(所发生的损失为负数) | 投资的盈和亏 |
| 主营业务成本 | 企业经营主营业务而发生的实际成本 | 主业销售的成本(如销售材料) |
| 其他业务成本 | 主营业务以外的其他经营活动发生的实际成本 | 副业销售的成本 |
| 销售费用 | 企业在销售产品或提供服务过程中所发生的支出 | 为销售产品的费用(如包装、宣传费) |
| 管理费用 | 企业行政管理部门为组织和管理生产经营活动而发生的各种费用 | 行政管理的费用 |
| 财务费用 | 企业为筹集生产经营所需资金等而发生的各种筹资费用 | 理财有关的费用(如银行的利息) |

续表

| 会计科目名称 | 核算内容 | 大白话 |
| --- | --- | --- |
| 税金及附加 | 企业在销售商品过程中，实现了商品的销售额，就应该向国家税务机关缴纳各种税金及附加 | 经营活动应负担的相关税费 |
| 营业外支出 | 除主营业务成本和其他业务支出等以外的各项非营业性支出 | 与经营无关的意外支出（如罚款支出） |
| 所得税费用 | 企业经营利润应缴纳的所得税 | 企业有利润时应交的税费 |

## 第二节　会计信息的“储存器”——账户

科目有了，也就是反映会计要素具体内容的名字我们都给起好了，但要用这个名字来表达反映会计要素在经济业务发生过程中的变化情况，还不够，还需要有一个具体的格式来记录这个变化过程和结果，这就涉及账户的内容。为了序时、连续、系统地记录由于经济业务的发生而引起的会计要素的增减变动，提供各种会计信息，各会计主体必须设置账户。正确地设置和运用账户，可以将各种经济业务的发生情况，以及由此而引起的资产、负债、所有者权益、收入、费用和利润等各要素的变化，系统地、分门别类地进行反映和监督，进而向会计信息使用者提供各种会计信息，这对于加强宏观、微观经济管理具有重要意义。

### 一、账户的含义

账户是具有一定的格式，用来分类、连续地记录经济业务，反映会计要素增减变动的过程及结果的一种工具。账户是会计信息的“储存器”，设置账户是会计核算的一种专门方法。

利用账户可以分类、连续地记录经济业务增减变动情况，再通过整理和汇总等方法，反映会计要素的增减变动及其结果，从而提供各种有用的数据和信息。

### 二、账户的结构

账户是用来记录经济业务，反映会计要素的具体内容增减变化及其结果的。因此，随着会计主体会计事项的不断发生，会计要素的具体内容也必然随之发生变化，而且这种变化不管多么错综复杂，从数量上看不外乎增加和减少两种情况。所以用来积累企业在某一会计期间内各种有关数据的账户，在结构上就应分为两方，即左方和右方，一方登记增加数，另一方则登记减少数。

## 小问答

问：为什么要用账户来记录会计要素的增减变化呢？

答：假设要记录公司5月份“库存现金”收支及结存情况，有两种记录方法。

第一种方法如下：

库存现金

5月01日　　+1 234.38元

5月04日　　+2 139.27元

5月05日　　−1 298.76元

5月09日　　−2 649.45元

5月10日　　+7 529.09元

5月18日　　−1 791.16元

5月20日　　−1 891.57元

…………

那么，5月份库存现金增加了多少？减少了多少？这样的记录方法，很难计算吧！

如果用另外一种方法，分左、右两边来登记，如图3-1所示：

左方　　　库存现金　　　右方

| 左方 | 右方 |
| --- | --- |
| 期初余额:1 000.00<br>增加额:<br>5月1日+1 234.38<br>5月4日+2 139.27<br>5月10日+7 529.09 | 减少额:<br>5月5日−1 298.76<br>5月9日−2 649.45<br>5月18日−1 791.16<br>5月20日−1 891.57 |
| 本期增加额合计:<br>10 902.74 | 本期减少额合计:<br>7 630.94 |
| 期末余额:4 271.80 | |

图3-1　左右两边记录方法

那么，5月份库存现金增加了多少？减少了多少？结余多少？这就很容易计算啦！这种记录方法就是用账户记录。

一、完整的账户结构

当然，对于一个完整的账户而言，除了必须有反映增加数和减少数的两栏外，还应包括其他栏目，以反映其他相关内容。完整的账户结构包括：(1) 账户名称，即会计科目；(2) 会计事项发生的日期；(3) 摘要，即经济业务的简要说明；(4) 凭证号数，即表明账户记录的依据；(5) 金额，即增加额、减少额和余额。

真实的账户是通过账页来表示的，通常采用三栏式，其基本结构如图3–2所示。

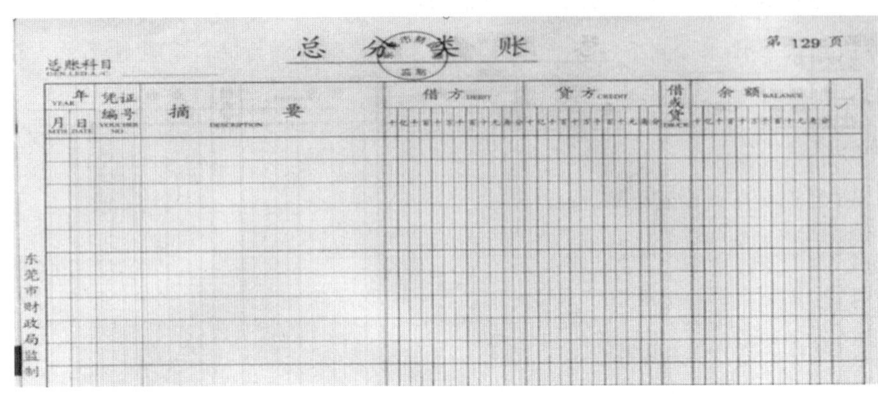


图3–2 账页格式

二、简化的账户结构

为了教学方便，可以把上述的账户进行简化，可简化为左右两方，即“T”形账户。如图3–3所示。

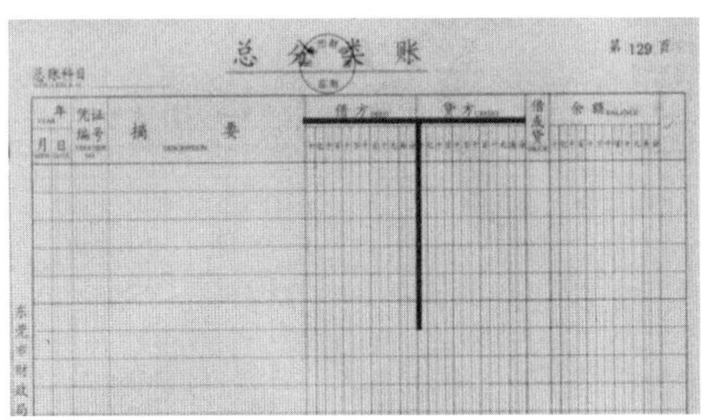


图3–3 简化账户

因此，教学用的“T”形账户格式如图3–4所示。

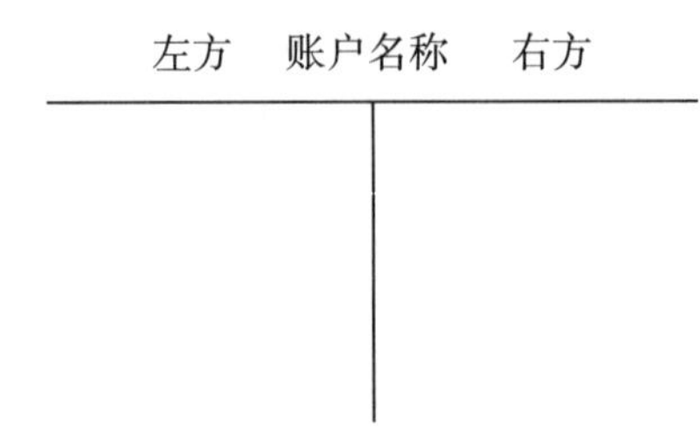


图3–4 “T”形账户格式

真实账簿的账页与为教学方便采用的“T”形账的对比如图3-5所示。

**总　分　类　账**

会计科目　银行存款　　　　　　　　　　第3页

| 2015年 月 | 日 | 凭证编号 | 摘要 | 借方（千百十万千百十元角分） | 贷方（千百十万千百十元角分） | 借或贷 | 余额（千百十万千百十元角分） | √ |
|---|---|---|---|---|---|---|---|---|
| 4 | 1 | | 月初余额 | | | 借 | 4000000 | |
| | 2 | 银收1 | 收到A投资 | 8000000 | | 借 | | |
| | 10 | 银付2 | 购入Y材料 | | 2000000 | 借 | 10000000 | √ |
| | 25 | 银付3 | 偿还欠款 | | 1100000 | 借 | 8900000 | √ |
| | | | 本月合计 | 8000000 | 3100000 | 借 | 8900000 | |
| | | | | | | | | |

借方　　银行存款　　贷方

| 借方 | 贷方 |
|---|---|
| 期初余额：<br>40 000<br>①80 000 | ②20 000<br>③11 000 |
| 本期发生额：<br>80 000 | 本期发生额：<br>31 000 |
| 期末余额：<br>89 000 | |

图3-5　账页与“T”形账对比

我们通过图3-1再进一步分析“T”形账，可以看到，账户的左方和右方分别记录增加额和减少额，余额分为期初余额和期末余额，本期增加额合计为本期增加发生额，本期减少额合计为本期减少发生额，本期的期末余额即下期的期初余额。

期初余额、本期增加发生额、本期减少发生额、期末余额的关系，可用公式表示：

期初余额＋本期增加发生额－本期减少发生额＝期末余额

账户哪一方记录增加额，哪一方记录减少额，是由记账方法和账户性质决定的。但是，不论采用哪种记账方法以及账户属于什么性质，其增加额和减少额都应按相反的方向进行记录。即如果左方记录增加额，则右方就应记录减少额；反之，如果左方记录减少额，则右方就应记录增加额。

账户的期初、期末余额一般应与增加额记入同一方向。两种结构如图3-6、图3-7所示。

左方　　账户名称　　右方

| 左方 | 右方 |
|---|---|
| 期初余额：<br>增加额： | 减少额： |
| 本期增加发生额： | 本期减少发生额： |
| 期末余额： | |

图3-6　账户结构1

左方　　账户名称　　右方

| 左方 | 右方 |
|---|---|
| 减少额： | 期初余额：<br>增加额： |
| 本期减少发生额： | 本期增加发生额： |
| | 期末余额： |

图3-7　账户结构2

## 小知识

**会计科目与账户的联系和区别**

会计科目与账户的主要区别是：会计科目通常由国家统一规定，是各单位设置账户、处理账务所必须遵循的依据，而账户则由各会计主体自行设置，是会计核算的一个重要工具；会计科目只表明某项经济内容，而账户不仅表明相同的经济内容，还具有一定的结构格式，并通过账户的结构反映某项经济内容的增减变动情况，即会计科目仅仅是对会计要素具体内容进行分类的项目名称，而账户还具有一定的结构、格式。

账户是根据会计科目设置的，并按照会计科目命名，也就是说会计科目是账户的名称，两者的称谓及核算内容完全一致，因而在实际工作中，会计科目与账户常被作为同义语来理解，互相通用，不加区别。

## 本章学习思考

### 重点概念

会计科目　总分类科目　明细分类科目　会计科目表　账户　账户结构

### 练习题

#### 一、单项选择题

1. 账户是根据（　　）在账簿中开设的记账单元。

A. 资金运动　　B. 会计对象　　C. 会计科目　　D. 财务状况

2. 会计科目是对（　　）的具体内容进行分类核算的项目。

A. 会计要素　　B. 会计账户　　C. 会计分录　　D. 会计对象

#### 二、多项选择题

1. 设置会计科目应遵循的原则有（　　）。

A. 统一性与灵活性相结合　　B. 经过审计人员的批准

C. 必须结合会计对象的具体内容和特点

D. 保持会计科目的相对稳定性　　E. 符合经营管理要求

2. 下列各项中，属于会计科目的是（　　）。

A. 固定资产　　B. 运输设备　　C. 原材料

D. 存货　　E. 累计折旧

3. 账户一般应包含的要素有（　　）。

A. 账户名称　　B. 日期和摘要　　C. 凭证编号

D. 增加或减少的金额　　E. 账户编号

## 拓展思考

1. 在实际工作中，如何根据企业的业务特点和需要，合理设置会计科目和会计账户？

2. 会计科目与会计账户的设置和运用对会计信息的准确性和可靠性有何影响？

# 第四章　神奇的记账方法——借贷记账法

## 学习目标

（1）理解借贷记账法的原理；

（2）掌握借贷记账法账户分类和结构；

（3）掌握借贷记账法的记账规则；

（4）掌握会计分录和试算平衡表的编制。

## 故事导入

王开发在商业街开了一家小卖部，他是个精打细算的人，深知要想把生意做好，必须对自己的财务状况了如指掌。于是，他聘请了一位名叫方红丽的年轻会计师，来帮他打理小卖部的财务。

方红丽是个聪明伶俐的女孩，她很快就掌握了小卖部的财务情况。她告诉王开发，要想把账做得清楚明了，就要学会使用借贷记账法。王开发虽然听说过这个名字，但并不清楚它的具体含义。于是，方红丽就开始给王开发讲解起来。

方红丽说："借贷记账法是一种非常重要的记账方法，它有两个基本的原则，就是有借必有贷，借贷必相等。就像我们平时借钱给别人或者向别人借钱一样，每一笔交易都要有明确的借贷双方。"

一天，王开发进货一批文具，总价值1 000元，但他暂时没有足够的现金，于是向供应商赊账。方红丽告诉他，这时候需要在会计凭证上记录一笔交易：

借：库存商品　　　　1 000

　贷：应付账款　　　　1 000

王开发有些困惑，方红丽解释道："'借'表示你的资产（库存商品）增加了1 000元，'贷'表示你的负债（应付账款）也增加了1 000元。这样，你的资产和负债就保持了平衡。”

几天后，王开发卖出了这批文具，收入了1 200元现金。方红丽再次指导他记录交易：

借：现金　　　　　　　1 200

　　贷：主营业务收入　　　　1 200

王开发渐渐理解了：“这意味着我的现金资产增加了1 200元，同时我的收入也增加了1 200元。”

方红丽点头赞许，并补充说：“但是，别忘了我们还要记录成本。假设这批文具的成本是1 000元，那么你需要再记录一笔交易：

借：主营业务成本　　　1 000

　　贷：库存商品　　　　　　1 000

这样，你的库存商品减少了1 000元，成本也增加了1 000元。”

王开发恍然大悟：“原来借贷记账法就是这样简单明了！每一笔交易都有借有贷，保持了会计记账的平衡。”

王开发觉得借贷记账法真的很神奇，它能够清晰地反映出小卖部的财务状况，帮助他更好地管理自己的生意。在方红丽的帮助下，王开发逐渐掌握了借贷记账法，小卖部的财务管理也变得井井有条。王开发感慨地说：“多亏了借贷记账法，我现在能更清楚地了解小卖部的财务状况，也能更好地规划未来的经营了。”

## 第一节　平衡的天平——借贷记账法账户

记账方法就是根据一定的原理、记账符号、记账规则，采用一定的计量单位，利用文字和数字在账簿中登记经济业务的方法。我国企业会计准则明确规定，企业会计核算必须采用借贷记账法。

借贷记账法是以“借”“贷”作为记账符号，对每一项经济业务所引起的资金运动，都要用相等的金额在两个或两个以上有相互联系的账户中进行全面登记的一种复式记账方法。

**注意！**

借贷记账法的记账符号："借"和"贷"

记账原理：会计等式

## 小问答

问：借贷记账法中的借就是增，贷就是减吗？

答：借贷记账法起源于5世纪的意大利，借贷的含义，最初是从借贷资本家的角度来解释的，用来表示债权和债务的增减变动。随着借贷记账法的广泛传播和在各行业的普及，借、贷二字逐渐失去了最初的含义，而演变成了纯粹的记账符号。

借贷记账法，"借"和"贷"两个符号对于不同的会计要素赋予了不同的含义，不可将其简单理解为增加或减少，必须结合具体的账户进行具体的理解。

## 一、借贷记账法账户结构

在借贷记账法下，任何账户都分为借、贷两方，而且把账户的左方称为"借方"，把账户的右方称为"贷方"。借和贷分别代表资金运动的两个方面，借方反映资金的使用结果，贷方反映资金的来源。记账时，账户的借、贷两方必须是相反方向的记录，即对于每一个账户来说，如果借方用来登记增加额，则贷方就用来登记减少额；如果借方用来登记减少额，则贷方就用来登记增加额。在一个会计期间内，把借方登记的合计数称为借方发生额合计，把贷方登记的合计数称为贷方发生额合计。哪一方来登记增加额，哪一方来登记减少额，由账户性质决定。一般来说，账户的期初、期末余额应与增加额记入同一方向。具体结构如图4-1、图4-2所示。

借方　　账户名称　　贷方

| 借方 | 贷方 |
|---|---|
| 期初余额：<br>本期增加额： | 本期减少额： |
| 本期借方发生额合计： | 本期贷方发生额合计： |
| 期末余额： | |

图4-1　借贷记账法账户结构1

借方　　账户名称　　贷方

| 借方 | 贷方 |
|---|---|
| 本期减少额： | 期初余额：<br>本期增加额： |
| 本期借方发生额合计： | 本期贷方发生额合计： |
| | 期末余额： |

图4-2　借贷记账法账户结构2

## 二、巧记记账方向

借贷记账法下的账户哪一边登记增加，哪一边登记减少，确实困扰很多的初学者，我们可以这样巧记：

利用借贷记账法的记账原理即会计等式（资产＋费用＝负债＋所有者权益＋收入）分辨借贷方向。

也就是说，会计科目（账户）在会计等式哪一方，哪一方就记录增加，另一方则记录减少，有余额的账户，则哪方记录增加，余额就在哪方。具体为：

资产、成本、费用在等式的左方（借方），则借方登记资产、成本、费用的增加。

负债、所有者权益、收入在等式的右方（贷方），则贷方登记负债、所有者权益、收入的增加。

余额一般在增加方，资产、负债和所有者权益账户一般有余额，收入、费用账户结转之后没有余额，成本类账户有时有余额，有时没有余额。如图4-3所示。

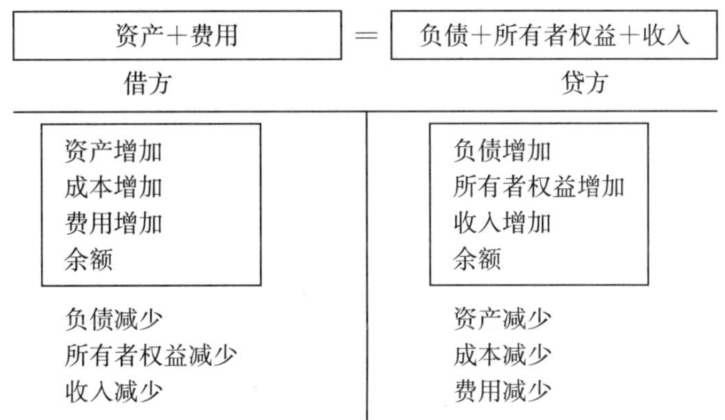


图4-3　各类账户记录情况

## 小课堂

### 借贷记账的左右手定律

基础会计在学习的过程中有很多的规律和小窍门。例如，若大家觉得上述的借贷记账法不好记，这里还有一个巧记的方法：请大家伸出你的双手，手心向上，左手代表等式左边的资产、成本、费用3个账户，右手代表等式右边的负债、所有者权益、收入3个账户，大拇指代表增加，小拇指代表减少，左边代表借方，右边代表贷方。可以发现，左手大拇指在左边，也就是增加在左边，即增加记在借方，左手小拇指在右边，也就是减少在右边，即减少记在贷方；右手大拇指在右边，也就是增加在右边，即增加记在贷方，右手小拇指在左边，也就是减少在左边，即减少记在借方。这就很直观。我们的双手就天然地代表了一个记账方法，人们称之为借贷记账的左右手定律。如图4–4所示。

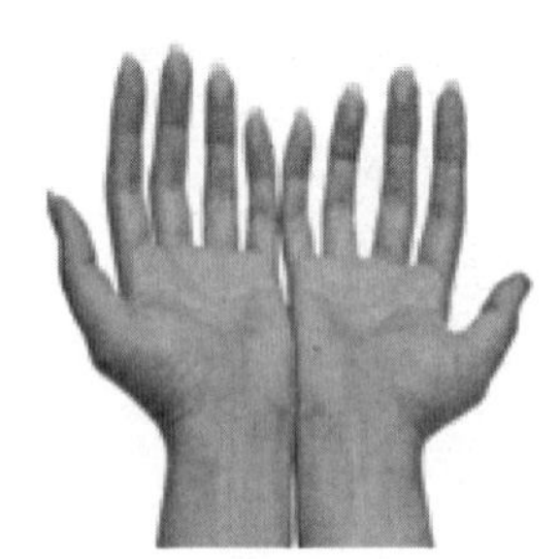

| 资产＋费用 | ＝ 负债＋所有者权益＋收入 |
|---|---|
| 资产增加<br>费用增加<br>成本增加<br><br>负债减少<br>所有者权益减少<br>收入减少 | 资产减少<br>费用减少<br>成本减少<br><br>负债增加<br>所有者权益增加<br>收入增加 |

图4–4　借贷记账的左右手定律

举个例子，银行存款属于资产，资产是用左手来管，大拇指大就代表增加，资产增加就记在大拇指这边，也就是记在左边即借方；小拇指小就代表减少，减少记在小拇指这边，也就是记在右边即贷方。如图4–5所示。

| 借方 | 银行存款　　贷方 |
|---|---|
| 期初余额：<br>本期增加额： | 本期减少额： |
| 本期借方发生额合计： | 本期贷方发生额合计： |
| 期末余额： | |

图4–5　左右手定律示例

## 三、不同性质账户的结构及记账方向

### （一）资产类账户的结构

账户的借方登记资产的增加额，贷方登记资产的减少额；期末余额在借方。

期末余额的计算公式如下：

资产类账户期末借方余额＝期初借方余额＋本期借方发生额－本期贷方发生额

资产类账户的简化结构示例如图4–6所示。

| 借方 | 银行存款　　贷方 |
|---|---|
| 期初余额:600 000<br>本期增加额:<br>20 000<br>30 000 | 本期减少额:<br>50 000<br>10 000<br>40 000 |
| 本期发生额:50 000<br>期末余额:550 000 | 本期发生额:100 000 |

图4-6　资产类账户结构示例

### （二）负债及所有者权益类账户的结构

负债及所有者权益类账户的结构与资产类账户正好相反，其贷方登记负债及所有者权益的增加额，借方登记负债及所有者权益的减少额；期末余额贷方。

期末余额的计算公式如下：

负债及所有者权益类账户期末贷方余额＝期初贷方余额＋本期贷方发生额－本期借方发生额

负债及所有者权益类账户的简化结构示例如图4-7所示。

| 借方 | 短期借款　　贷方 |
|---|---|
| 本期减少额:<br>80 000<br>20 000 | 期初余额:200 000<br>本期增加额:<br>100 000<br>50 000 |
| 本期发生额:100 000 | 本期发生额:150 000<br>期末余额:250 000 |

图4-7　负债及所有者权益类账户结构示例

### （三）费用类账户的结构

企业在生产经营中所发生的各种耗费，大多由资产转化而来，所以费用在抵销收入之前，可将其视为一种特殊资产。因此，费用类账户的结构与资产类账户基本相同，账户的借方登记费用的增加额，贷方登记费用的减少（转销）额。由于借方登记的费用增加额一般都要通过贷方转出，该类账户通常没有期末余额。

费用类账户的简化结构示例如图4-8所示。

借方　　管理费用　　贷方

| 借方 | 贷方 |
| --- | --- |
| 本期增加额：<br>30 000<br>50 000<br>60 000 | 本期减少额(或转销额)：<br>140 000 |
| 本期发生额:140 000 | 本期发生额:140 000 |

图4-8　费用类账户结构示例

**（四）成本类账户结构**

此类账户的结构与资产类账户的结构基本相同，借方登记成本的增加数，贷方登记成本的减少或结转额。此类账户如果有余额，如“生产成本”，表示在产品成本。“制造费用”账户没有余额。

成本类账户的简化结构示例如图4-9所示。

借方　　生产成本　　贷方

| 借方 | 贷方 |
| --- | --- |
| 期初余额:50 000<br>本期增加额：<br>200 000<br>300 000 | 本期减少额(或转销额):520 000 |
| 本期发生额:500 000<br>期末余额:30 000 | 本期发生额:520 000 |

图4-9　成本类账户结构示例

**（五）收入类账户的结构**

收入类账户的结构与负债及所有者权益类账户类似，账户的贷方登记收入的增加额，借方登记收入的减少（转销）额。由于贷方登记的收入增加额一般要通过借方转出，这类账户通常也没有期末余额。

收入类账户的简化结构示例如图4-10所示。

借方　　主营业务收入　　贷方

| 借方 | 贷方 |
| --- | --- |
| 本期减少额(或转销额)：<br>200 000 | 本期增加额:50 000<br>70 000<br>80 000 |
| 本期发生额:200 000 | 本期发生额:200 000 |

图4-10　收入类账户结构示例

根据上述内容，可将借贷记账法下各类账户的结构，归纳如表4-1所示。

**表4-1　借贷记账法下各类账户的结构**

| 账户类别 | 借方 | 贷方 | 余额方向 |
|---|---|---|---|
| 资产类 | 增加 | 减少 | 余额在借方 |
| 负债类 | 减少 | 增加 | 余额在贷方 |
| 所有者权益类 | 减少 | 增加 | 余额在贷方 |
| 收入类 | 减少(转销) | 增加 | 一般无余额 |
| 费用类 | 增加 | 减少(转销) | 一般无余额 |
| 成本类 | 增加 | 减少 | 一般无余额或在借方 |

## 四、借贷记账法的记账规则

我们已经学习了借贷记账法的原理、结构，以及左右手定律巧记法，那具体如何将发生的经济业务记录到账户中呢？我们说记账需要4步：

（1）确定账户名称；

（2）确定账户增减数额；

（3）确定账户的性质；

（4）确定借贷的方向。

下面我们就按这4个步骤，以ABC有限责任公司2023年12月发生的经济业务为例来学习如何记账。

例1. ABC有限责任公司经营第一个月取得销售收入60 000元（收到现金）。

分析：四步骤的元素如表4-2所示。

**表4-2　四步骤的元素**

| 账户名称 | 增减数额 | 账户性质 | 借贷方向 |
|---|---|---|---|
| 库存现金 | 增加60 000 | 资产 | 借方 |
| 主营业务收入 | 增加60 000 | 收入 | 贷方 |

记账如图4-11、图4-12所示。

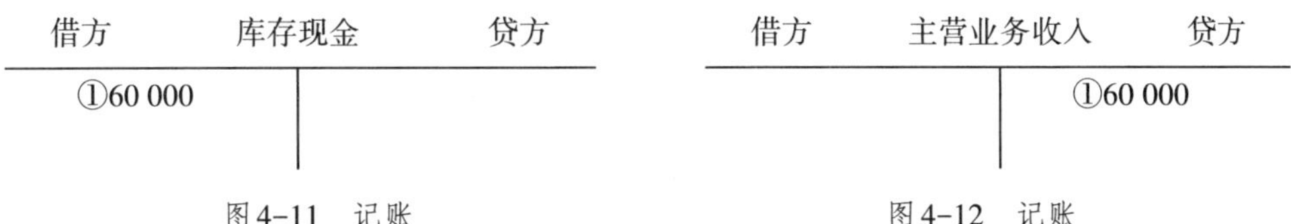


图4-11　记账

图4-12　记账

例2. ABC有限责任公司经营第一个月发生费用支出35 000元，假设费用全部为耗费的原材料成本。

分析：四步骤的元素如表4-3所示。

**表4-3　四步骤的元素**

| 账户名称 | 增减数额 | 账户性质 | 借贷方向 |
| --- | --- | --- | --- |
| 主营业务成本 | 增加35 000 | 费用 | 借方 |
| 原材料 | 减少35 000 | 资产 | 贷方 |

记账如图4-13、图4-14所示。

| 借方 | 主营业务成本 | 贷方 |
| --- | --- | --- |
| ②35 000 | | |

图4-13　记账

| 借方 | 原材料 | 贷方 |
| --- | --- | --- |
| | | ②35 000 |

图4-14　记账

例3. ABC有限责任公司收到货币投资30 000元，存入银行。

分析：四步骤的元素如表4-4所示。

**表4-4　四步骤的元素**

| 账户名称 | 增减数额 | 账户性质 | 借贷方向 |
| --- | --- | --- | --- |
| 银行存款 | 增加30 000 | 资产 | 借方 |
| 实收资本 | 增加30 000 | 所有者权益 | 贷方 |

记账如图4-15、图4-16所示。

| 借方 | 银行存款 | 贷方 |
| --- | --- | --- |
| ③30 000 | | |

图4-15　记账

| 借方 | 实收资本 | 贷方 |
| --- | --- | --- |
| | | ③30 000 |

图4-16　记账

例4. ABC有限责任公司银行借款中的50 000元到期，用银行存款偿还。

分析：四步骤的元素如表4-5所示。

**表4-5　四步骤的元素**

| 账户名称 | 增减数额 | 账户性质 | 借贷方向 |
| --- | --- | --- | --- |
| 短期借款 | 减少50 000 | 负债 | 借方 |
| 银行存款 | 减少50 000 | 资产 | 贷方 |

记账如图4-17、图4-18所示。

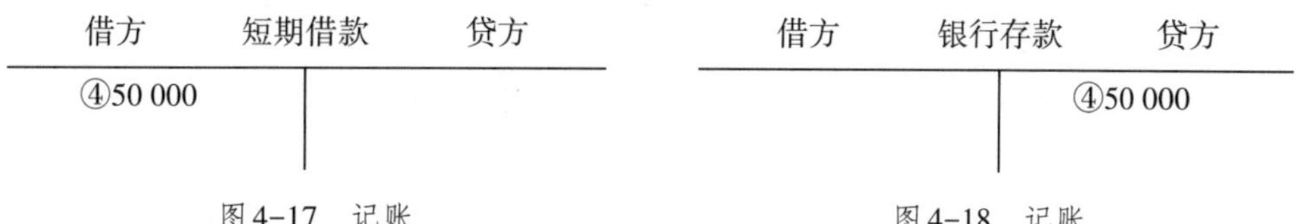


图4-17　记账　　　　图4-18　记账

例5. ABC有限责任公司用银行存款购买原料15 000元。

分析：四步骤的元素如表4-6所示。

**表4-6　四步骤的元素**

| 账户名称 | 增减数额 | 账户性质 | 借贷方向 |
|---|---|---|---|
| 原材料 | 增加15 000 | 资产 | 借方 |
| 银行存款 | 减少15 000 | 资产 | 贷方 |

记账如图4-19、图4-20所示。

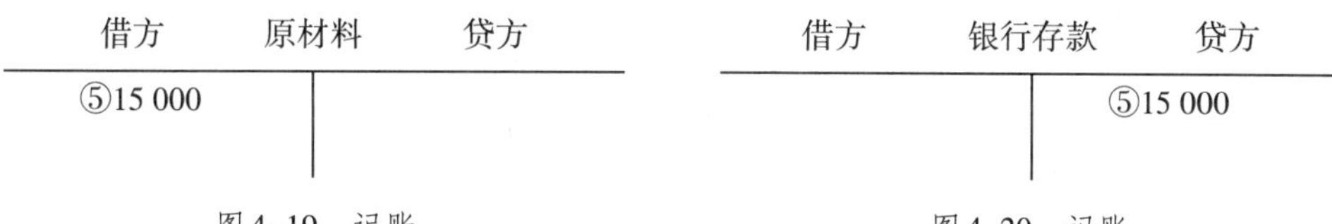


图4-19　记账　　　　图4-20　记账

例6. 银行决定对ABC有限责任公司借款中的50 000元转作对公司的投资。

分析：四步骤的元素如表4-7所示。

**表4-7　四步骤的元素**

| 账户名称 | 增减数额 | 账户性质 | 借贷方向 |
|---|---|---|---|
| 短期借款 | 减少50 000 | 负债 | 借方 |
| 实收资本 | 增加50 000 | 所有者权益 | 贷方 |

记账如图4-21、图4-22所示。

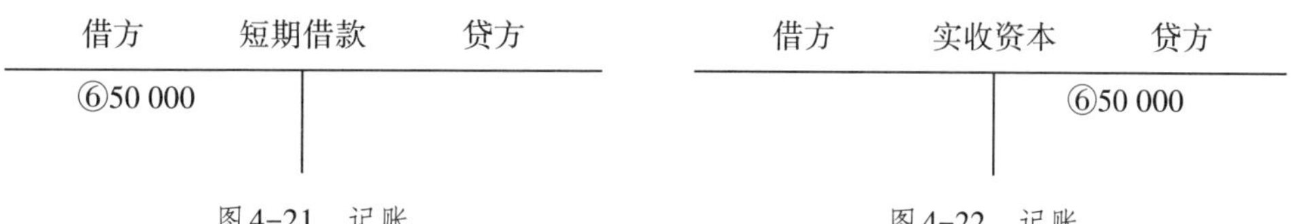


图4-21　记账　　　　图4-22　记账

由此可见，在借贷记账法下，对于任何一笔经济业务进行分析，都会涉及两个或两个以上的账户，不论是引起账户的增加还是减少，如果一个（或几个）账户记在借方，那么另一个（或几个）账户就一定记在贷方，而且两方的金额一定相等。

借贷记账法的记账规则是指运用借贷记账法在账户上记账时应当遵循的规则，

是对借贷记账特征的归纳。因此，可以将借贷记账法的记账规则简单归纳为："有借必有贷，借贷必相等。"

借贷记账法的记账规则是记账的依据也是检查记账是否正确的依据。

## 第二节　记账第一步——会计分录

### 小问答

问：经济业务发生后，直接记入对应账户吗？

答：会计要将发生的经济业务登记入账，但是在经济业务发生后，并不是直接记入对应账户。

账户对应关系反映了每项经济业务的内容，以及由此而引起的资金运动的来龙去脉，因此在采用借贷记账法登记某项经济业务时，应先通过编制会计分录来确定其所涉及的账户及其对应关系，再根据会计分录记入有关账户，从而保证账户记录的正确性。

### 一、会计分录的概念

会计分录（简称"分录"），是指预先确定每笔经济业务所涉及的账户名称，以及记入账户的方向和金额的一种记录。它是会计语言的表达方式。

经济业务变成会计的语言，就是形成会计凭证的过程。会计分录通俗地讲，就是当经济业务发生时，将经济业务变成会计语言，即记录资金来源是什么，资金的使用结果是什么，资金来源和使用结果对应的账户分别是什么，以及应当在每个账户中记录多少金额。所以说，会计分录是记账的第一步。

在实际会计工作过程中，会计分录是根据与经济业务有关的原始凭证，在具有规定格式的记账凭证上编制的，也可以说会计分录是简化了的记账凭证。编制会计分录，就意味着对经济业务作会计确认，为经济业务数据记入账户提供依据，所以为了确保账户记录的真实和正确，必须严格把好会计分录这一关。

会计分录有三要素：账户名称、应借应贷的方向和金额。

会计分录按其所运用账户的多少分为简单会计分录和复合会计分录两种。

简单会计分录，是指由两个账户所组成的会计分录，即只有一“借”一“贷”。

复合会计分录，是指由两个以上账户所组成的会计分录，实际上它是由几个简单会计分录组成的，因而必要时可将其分解为若干个简单会计分录。编制复合会计分录既可以简化记账手续，又能集中反映某项经济业务的全面情况。

**注意！**

为了使账户对应关系一目了然，在借贷记账法下，只应编制一“借”一“贷”、一“借”多“贷”和一“贷”多“借”的会计分录，一般不编制多“借”多“贷”的会计分录。这是因为多“借”多“贷”的会计分录容易使账户之间的对应关系模糊不清，难以据此分析经济业务的实际情况。

## 二、编制会计分录的基本步骤

（1）分析涉及要素：分析判断经济业务涉及什么会计要素；

（2）确定涉及账户：分析判断经济业务涉及哪些账户；

（3）分析增减变化：分析判断这些账户是增加还是减少；

（4）确定记账方向：根据账户的性质和增减情况，确定应记入其借方还是贷方；

（5）确定登记金额：在借贷双方记入金额；

（6）写出完整分录：根据会计分录的格式要求，编制会计分录。

示例如下：

经济业务：2023年12月1日，ABC公司收到货币投资5 600 000元，存入银行。

| | | |
|---|---|---|
| 第一,分析涉及要素 | 资产 | 所有者权益 |
| 第二,确定涉及账户 | 银行存款 | 实收资本 |
| 第三,分析增减变化 | 增加 | 增加 |
| 第四,确定记账方向 | 借方 | 贷方 |
| 第五,确定登记金额 | 5 600 000 | 5 600 000 |
| 第六,写出完整分录 | 借:银行存款<br>　贷:实收资本 | 5 600 000<br>　5 600 000 |

## 三、会计分录书写要求

第一步，先借后贷，借贷分行，借方在上，贷方在下。

第二步，贷方记账符号、账户名称、金额都要比借方退后一格，表明借方在左，贷方在右，金额后不必写“元”。

借：银行存款　　　　　　　　　　5 600 000

　贷：实收资本　　　　　　　　　　5 600 000

## 四、会计分录编制举例

仍以上一节ABC有限责任公司2023年12月的6笔经济业务为例，编制会计分录。

例1. ABC有限责任公司经营第一个月取得销售收入60 000元（收到现金）。

分析：按照以上编制会计分录的方法，得到会计分录的要素如表4-8所示。

**表4-8　会计分录要素**

| 账户名称 | 增减数额 | 账户性质 | 借贷方向 |
|---|---|---|---|
| 库存现金 | 增加60 000 | 资产 | 借方 |
| 主营业务收入 | 增加60 000 | 收入 | 贷方 |

根据会计分录的书写格式，会计分录为：

借：库存现金　　　　　　　　　　60 000

　贷：主营业务收入　　　　　　　　60 000

例2. ABC有限责任公司经营第一个月发生费用支出35 000元，假设费用全部为耗费的原材料成本。

分析：按照以上编制会计分录的方法，得到会计分录的要素如表4-9所示。

**表4-9　会计分录要素**

| 账户名称 | 增减数额 | 账户性质 | 借贷方向 |
|---|---|---|---|
| 主营业务成本 | 增加35 000 | 费用 | 借方 |
| 原材料 | 减少35 000 | 资产 | 贷方 |

根据会计分录的书写格式，会计分录为：

借：主营业务成本　　　　　　　　35 000

　贷：原材料　　　　　　　　　　　35 000

例3. ABC有限责任公司收到货币投资30 000元，存入银行。

分析：按照以上编制会计分录的方法，得到会计分录的要素如表4-10所示。

表4-10　会计分录要素

| 账户名称 | 增减数额 | 账户性质 | 借贷方向 |
| --- | --- | --- | --- |
| 银行存款 | 增加30 000 | 资产 | 借方 |
| 实收资本 | 增加30 000 | 所有者权益 | 贷方 |

根据会计分录的书写格式，会计分录为：

借：银行存款　　30 000

　贷：实收资本　　30 000

例4. ABC有限责任公司银行借款中的50 000元到期，用银行存款偿还。

分析：按照以上编制会计分录的方法，得到会计分录的要素如表4-11所示。

表4-11　会计分录要素

| 账户名称 | 增减数额 | 账户性质 | 借贷方向 |
| --- | --- | --- | --- |
| 短期借款 | 减少50 000 | 负债 | 借方 |
| 银行存款 | 减少50 000 | 资产 | 贷方 |

根据会计分录的书写格式，会计分录为：

借：短期借款　　50 000

　贷：银行存款　　50 000

例5. ABC有限责任公司用银行存款购买原料15 000元。

分析：按照以上编制会计分录的方法，得到会计分录的要素如表4-12所示。

表4-12　会计分录要素

| 账户名称 | 增减数额 | 账户性质 | 借贷方向 |
| --- | --- | --- | --- |
| 原材料 | 增加15 000 | 资产 | 借方 |
| 银行存款 | 减少15 000 | 资产 | 贷方 |

根据会计分录的书写格式，会计分录为：

借：原材料　　15 000

　贷：银行存款　　15 000

例6. 银行决定对ABC有限责任公司借款中的50 000元转作对公司的投资。

分析：按照以上编制会计分录的方法，得到会计分录的要素如表4-13所示。

表4-13　会计分录要素

| 账户名称 | 增减数额 | 账户性质 | 借贷方向 |
|---|---|---|---|
| 短期借款 | 减少50 000 | 负债 | 借方 |
| 实收资本 | 增加50 000 | 所有者权益 | 贷方 |

根据会计分录的书写格式，会计分录为：

借：短期借款　　　　　　　　50 000

　贷：实收资本　　　　　　　　50 000

## 第三节　记账第二步——试算平衡

借贷记账法的试算平衡是指根据会计等式的平衡原理，按照记账规则的要求，通过汇总计算和比较来检查账户记录的正确性、完整性。

### 一、试算平衡方法

采用借贷记账法，因为对任何经济业务都是按照“有借必有贷，借贷必相等”的记账规则记入各有关账户，所以不仅每一笔会计分录借贷发生额相等，而且当一定会计期间的全部经济业务都记入相关账户后，所有账户的借方发生额合计数必然等于贷方发生额合计数；同时期末结账后，全部账户借方余额合计数也必然等于贷方余额合计数。因此，借贷记账法的试算平衡有两种方法。

#### （一）发生额试算平衡法

发生额试算平衡法是根据借贷记账法记账规则的原理进行的，按照借贷记账法“有借必有贷，借贷必相等”的记账规则，每一笔分录的借贷发生额相等，而且在一定会计期间，对发生的全部经济业务编制的会计分录都计入相关的账户后，所有账户的借方发生额的合计数与贷方发生额的合计数也必然相等。

#### （二）余额试算平衡法

余额试算平衡法则是在上面的基础上再结合会计等式（资产=负债+所有者权益）的原理，也就是说全部账户的借方期末余额之和与贷方期末余额之和也必然相等。

### 二、编制试算平衡表

试算平衡工作，一般是在月末结出各个账户的本月发生额和月末余额后，通过编制总分类账户发生额试算平衡表和总分类账户余额试算平衡表来进行的。

下面以前述的ABC有限责任公司为例，编制2023年12月总账发生额及余额试算表。

ABC有限责任公司2023年12月期初余额如表4-14所示。

**表4-14　ABC有限责任公司2023年12月期初余额表**

单位:元

| 资产 | 金额 | 负债和所有者权益 | 金额 |
|---|---|---|---|
| 库存现金 | 20 000 | 短期借款 | 200 000 |
| 银行存款 | 200 000 | 实收资本 | 500 000 |
| 原材料 | 100 000 | | |
| 固定资产 | 380 000 | | |
| 合计 | 700 000 | 合计 | 700 000 |

根据期初余额及前述12月的6笔经济业务登记“T”形账并计算余额，2023年12月31日（假设没有结转损益），各总账的“T”形账情况如图4-23至图4-30所示。

| 借方　库存现金 | 贷方 |
|---|---|
| 期初余额：<br>20 000<br>①60 000 | |
| 本期发生额：<br>60 000 | |
| 期末余额：<br>80 000 | |

图4-23　库存现金“T”形账情况

| 借方　银行存款 | 贷方 |
|---|---|
| 期初余额：<br>200 000<br>③30 000 | ④50 000<br>⑤15 000 |
| 本期发生额：<br>30 000 | 本期发生额：<br>65 000 |
| 期末余额：<br>165 000 | |

图4-24　银行存款“T”形账情况

| 借方　原材料 | 贷方 |
|---|---|
| 期初余额：<br>100 000<br>⑤15 000 | ②35 000 |
| 本期发生额：<br>15 000 | 本期发生额：<br>35 000 |
| 期末余额：<br>80 000 | |

图4-25　原材料“T”形账情况

| 借方　固定资产 | 贷方 |
|---|---|
| 期初余额：<br>380 000 | |
| 期末余额：<br>380 000 | |

图4-26　固定资产“T”形账情况

| 借方 | 短期借款 贷方 |
| --- | --- |
| ④50 000<br>⑥50 000 | 期初余额：<br>200 000 |
| 本期发生额：<br>100 000 | |
| | 期末余额：<br>100 000 |

图4-27 短期借款"T"形账情况

| 借方 | 实收资本 贷方 |
| --- | --- |
| | 期初余额：<br>500 000<br>③30 000<br>⑤50 000 |
| | 本期发生额：<br>80 000 |
| | 期末余额：<br>580 000 |

图4-28 实收资本"T"形账情况

| 借方 | 主营业务收入 贷方 |
| --- | --- |
| | ①60 000 |
| | 本期发生额：<br>60 000 |
| | 期末余额：<br>60 000 |

图4-29 主营业务收入"T"形账情况

| 借方 | 主营业务成本 贷方 |
| --- | --- |
| ②35 000 | |
| 本期发生：<br>35 000 | |
| 期末余额：<br>35 000 | |

图4-30 主营业务成本"T"形账情况

根据总账账户情况编制的总账发生额及余额试算表如表4-15所示。

**表4-15 期初余额、本期发生额、期末余额试算表**

编制单位：ABC有限责任公司　　2023年12月31日　　单位：元

| 账户名称 | 期初余额 | | 本期发生额 | | 期末余额 | |
| --- | --- | --- | --- | --- | --- | --- |
| | 借方 | 贷方 | 借方 | 贷方 | 借方 | 贷方 |
| 库存现金 | 20 000 | | 60 000 | | 80 000 | |
| 银行存款 | 200 000 | | 30 000 | 65 000 | 165 000 | |
| 原材料 | 100 000 | | 15 000 | 35 000 | 80 000 | |
| 固定资产 | 380 000 | | | | 380 000 | |
| 短期借款 | | 200 000 | 100 000 | | | 100 000 |
| 实收资本 | | 500 000 | | 80 000 | | 580 000 |

续表

| 账户名称 | 期初余额 | | 本期发生额 | | 期末余额 | |
|---|---|---|---|---|---|---|
| | 借方 | 贷方 | 借方 | 贷方 | 借方 | 贷方 |
| 主营业务收入 | | | | 60 000 | | 60 000 |
| 主营业务成本 | | | 35 000 | | 35 000 | |
| 合　　计 | 700 000 | 700 000 | 240 000 | 240 000 | 740 000 | 740 000 |

通过计算发生额及余额试算表中合计栏的合计数，我们可以得到：

（1）期初余额试算平衡：

全部账户期初借方余额之和＝全部账户期初贷方余额之和。

（2）本期发生额试算平衡：

全部账户借方发生额之和＝全部账户贷方发生额之和。

（3）本期期末余额试算平衡：

全部账户期末借方余额之和＝全部账户期末贷方余额之和。

试算平衡是根据“资产＝负债＋所有者权益”的恒等关系以及借贷记账法的记账规则，检查和验证所有账户记录是否正确的一种专门方法。

## 小问答

问：若试算平衡了，说明记账一定正确吗？

答：试算平衡可以检查账户记录的完整正确性，但要注意，这不是绝对的。也就是说，如果试算不平衡说明账户记录一定有错，但反过来说，如果试算平衡了并不能绝对肯定账户记录没有差错。因为试算平衡表有其局限性，它不能发现整笔业务漏记、重记，借贷方错误金额相等，借贷方记录方向相反，科目使用错误这4种记账错误。

**注意！**

在会计核算中，常常两边各加减数额，平衡是平衡了，但却造了假。造假在平衡上看着没有问题的，但在数据上出问题。因此，在编制试算表之前，应认真核对账目。

## 本章学习思考

### 重点概念

借贷记账法　资产类账户　负债类账户　所有者权益类账户　成本类账户　收入类账户　费用类账户　记账规则　会计分录　试算平衡

### 练习题

#### 一、单项选择题

1. 在借贷记账法下，账户的哪一方记录增加额、哪一方记录减少额，是由（　　）决定的。

A. 记账规则　　B. 账户性质　　C. 业务性质　　D. 账户结构

2. 在下列各项中，与负债类和所有者权益类账户的结构基本相同的是（　　）账户的结构。

A. 资产类　　B. 收入类　　C. 费用类　　D. 成本类

3. 在借贷记账法下，下列说法正确的是（　　）。

A. 资产类账户的借方登记增加额

B. 资产类账户的借方登记减少额

C. 负债类账户的借方登记增加额

D. 所有者权益类账户的借方登记增加额

4. 复式记账法的基本理论依据是（　　）。

A. 资产＝负债＋所有者权益

B. 收入－费用＝利润

C. 期初余额＋本期增加发生额－本期减少发生额＝期末余额

D. 借方本期发生额＝贷方本期发生额

5. 账户发生额的试算平衡是根据（　　）确定的。

A. 借贷记账法的记账规则　　B. 经济业务的内容

C. “资产＝负债＋所有者权益”会计恒等式　　D. 经济业务的类型

#### 二、多项选择题

1. 在借贷记账法下，下列说法正确的是（　　）。

A. 资产类账户的借方登记增加额

B. 资产类账户的贷方登记减少额

C. 负债类账户的借方登记减少额

D. 收入类账户的贷方登记增加额

E. 所有者权益类账户的借方登记增加额

2. 每一笔会计分录都包括（　　）。

A. 账户名称　　B. 记账方向　　C. 金额

D. 会计科目编号　　E. 会计凭证编号

3. 借贷记账法的试算平衡公式有（　　）。

A. 借方科目金额＝贷方科目金额

B. 期末余额＝期初余额＋借方本期发生额－贷方本期发生额

C. 全部账户的借方本期发生额合计＝全部账户的贷方本期发生额合计

D. 全部账户的借方期末余额合计＝全部账户的贷方期末余额合计

E. 总账期末余额＝所属明细账期末余额合计

## 拓展思考

1. 借贷记账法有何优势？

2. 在实际工作中，如何确保会计分录和试算平衡表的准确性和完整性？

3. 借贷记账法在现代会计中的应用前景如何？

# 第三部分
# 会计核算是什么之应用篇

# 第五章　借贷记账法的应用——制造业企业业务核算

## 学习目标

（1）掌握制造业企业资金筹集的核算；
（2）掌握制造业企业采购过程的核算；
（3）掌握制造业企业生产过程的核算；
（4）掌握制造业企业销售过程的核算；
（5）掌握制造业企业利润形成与分配的核算。

## 故事导入

有个叫“梦想工坊”的神奇工厂，把普通的金属和塑料变成孩子们超爱的玩具车。现在，我们一起走进这个充满创新和梦想的世界，探索制造业企业的经济业务流程！

故事开始：种下梦想

春天来了，万物复苏。梦想工坊的创始人陈梦站在工厂前，满怀憧憬地决定今年要推出几款新环保玩具车。要达成目标，首先得有钱。所以，他决定举办一场“梦想投资大会”。

第一幕：找投资——筹集资金

陈梦邀请了投资者，向他们展示了创新理念和产品原型。投资者被陈梦的创意和热情打动，纷纷掏钱投资。经过谈判，陈梦成功筹到钱啦！

第二幕：买材料——采购业务

陈梦知道好产品离不开好材料，于是带着采购团队在全国各地找供应商。最后，他们决定与可持续采伐木材的厂家和回收塑料的厂家合作。财务李芳仔细记录每笔采购交易，包括材料种类、数量、价格等，这就是会计的“原材料采购”成本。

第三幕：生产魔法——生产业务

回到工厂，工人们像魔术师一样，把原材料变成精致的玩具车。除了材料成本，还有电费、水费、工资和设备折旧等间接成本。李芳用专业会计软件把这些费用分类，计入生产成本。

第四幕：市场邂逅——销售业务

夏天，新产品上市。陈梦带着玩具车参加玩具博览会，吸引了一大波经销商和消费者。订单飞来，李芳忙得不可开交，记录销售收入、开票，还盯着应收账款回收。她明白，只有资金回笼，企业才能继续运转。

第五幕：丰收喜悦——利润形成及分配

年底，丰收时刻到来。李芳盘点全年业务，发现在全体员工努力下，梦想工坊不仅赚钱，还因环保理念赢得赞誉。陈梦决定拿部分利润奖励员工，并投入更多资金研发新产品、提升环保技术。

故事结束：梦想延续

新年到来，梦想工坊继续前行。老板陈梦和会计李芳站在工厂前，满怀憧憬地迎接新的一年。他们深知，只要心中有梦，脚下就有路；会计工作精准无误，企业就能稳健前行。这就是制造业企业的经济业务过程，也是每个梦想实现的必经之路。

## 小课堂

### 为什么以制造企业为例学习企业会计核算

企业是一种具有不同规模的经济组织，这个组织的存在主要是通过对各种资源进行配置，向其他单位或个人（企业的顾客）提供产品或劳务。

企业有多种分类方式，其中按照经营内容的不同，可以分成制造业企业、商品流通企业等。相对而言，制造业涉及多个环节，包括材料采购、生产加工、产品销售等，这些环节构成了制造企业完整的经济业务链条。因此，以制造企业为例可以全面展示企业经济业务的复杂性和多样性。

### 如何创建一个制造业企业开展生产经营活动

假如我们想建一个工厂，而建工厂可是需要资金的，到哪儿去找资金？首先我们去找投资者，希望投资者能对我们投资，接着我们去找银行借款。钱有了，那就要去买设备、准备厂房、买原材料、招聘管理者、招聘生产工人，为生产做准备。在前期准备工作结束之后，我们开始生产产品。假设产品生产完毕，就要把产品卖出去。假设我们产品的收入是高于成本费用的，这样就可以形成利润。有了利润，我们要对投资者进行一些利润分配——他们的投资是需要回报的。当然，还有很重要的一项——交税。这个过程就是组建一个工厂，完成生产、经营、销售、利润形成及分配的全过程。

可以看出，企业在经营过程中发生的主要经济业务内容包括：(1) 资金筹集业务；(2) 采购过程业务；(3) 生产过程业务；(4) 销售过程业务；(5) 利润形成与分配业务。

下面，就让我们一起从会计的专业视角分析制造业企业主要经济业务与资金运动吧。

## 第一节 企业的起步——资金筹集业务的核算

大家都听说过一句俗语："钱不是万能的，但没有钱是万万不能的。"这句话也同样适合企业。

如何创办企业？下面请大家看一个小案例：

胡剑峰大学毕业，打算创办一个服装厂，估计需要100万元的资金。胡剑峰自己只有30万元，资金不够，怎么办？他的好朋友陆军投入20万元的资金，林清波投入10万元的资金。最后，他向银行借款40万元，这样，创办服装厂的100万元就够了。

在这个案例中，服装厂一共需要100万元的资金。其中，胡剑峰自己投入30万元，陆军投入20万元，林清波投入10万元，这是投资者投入的资金，而另外40万元是从银行取得的借款。因此，刚才那个问题的答案就出来了：创办企业首先要筹集资金。

筹集资金（简称"筹资"）是指企业为进行生产经营活动而筹措和集中所需资金的工作。筹资活动是企业生存、发展的基本前提，没有资金，企业将难以生存，也不能发展。筹资活动是生产经营活动的初始环节。筹集资金有两个渠道，一个是投资者投入的资金，形成了所有者权益，如案例中胡剑峰等的投资；另一个是借入资金形成负债，如案例中的银行借款40万元。

## 一、投资者投入资金

### （一）实收资本

投资者投入的资金，在会计上被称为“实收资本”，是指企业的投资者按照企业章程或合同、协议的约定实际投入企业的资本金，以及按照有关规定由资本公积、盈余公积转为资本的资金。实收资本代表着一个企业的实力，是创办企业的“本钱”，也是一个企业维持正常的经营活动、以本求利、以本负亏的最基本的条件和保障，是企业独立承担民事责任的资金保证。它反映了企业的不同所有者通过投资而投入企业的外部资金来源，这部分资金是企业进行经营活动的原动力，正是有了这部分资金的投入，才有了企业的存在和发展。因此，实收资本的额度、构成比例通常是确定每位所有者在企业所有者权益中所占的份额和参与企业财务经营决策的基础，也是企业进行利润分配或股利分配的依据，同时还是企业清算时确定所有者对净资产的要求权的依据。

### （二）资金公积

资本公积是投资者或者他人投入企业、所有权归属投资者并且金额上超过法定资本部分的资本，是企业所有者权益的重要组成部分。由此可见，资本公积从本质上讲属于投入资本的范畴，其形成的主要原因是我国采用注册资本制度，无法将资本公积直接以实收资本（或股本）的名义入账。所以，资本公积从其实质上看是一种准资本，它是资本的一种储备形式。

### （三）实收资本入账价值的确定

企业收到各方投资者投入资本金的入账价值的确定是实收资本核算中的一个比较重要的问题。总体来说，投入资本是按照实际收到的投资额入账的，对于收到的货币资金投资，应以实际收到的货币资金额入账；对于收到的实物等其他形式投资，应以投资各方确认的价值入账；对于实际收到的货币资金额或投资各方确认的资产价值超过其在注册资本中所占份额的部分，不计入实收资本，而是计入资本公积。

例：投资方实际投入资本500万元，其在注册资本（1 000万元）中所占份额假定为45%，则实收资本为450万元，超过部分（50万元）计入资本公积。

### 小问答

问：实收资本和资本公积有什么区别？

答：实收资本（或股本）是公司所有者（股东）为谋求价值增值而对公司的一种原始投入，从法律上讲属于公司的法定资本，而资本公积可以来源于投资者的额外投入，也可以来源于除投资者之外的其他企业或个人等的投入。可以说，实收资本无论是在来源上还是在金额上，都有着比较严格的限制，而不同来源形成的资本公积却归所有投资者共同享有。

## 小课堂

### 注册资本和实收资本的区别

注册资本和实收资本在公司财务和法律层面扮演着不同的角色，它们之间的区别主要体现在以下几个方面。

一、概念定义

注册资本是工商管理的术语，是法律上对公司注册的登记要求，也是企业在设立时向工商行政管理部门登记的资本总额。它代表了公司股东对公司债务的承担能力和责任范围。

实收资本则是企业在实际业务中遵循法律规定对企业的投入，是企业成立时实际收到的股东的出资总额。它是公司成立时拥有的现实资本，也是企业实际运营的资金基础。

二、金额差异

注册资本采取认缴制，即股东可以约定在一定时间内分期缴纳出资。因此，在公司注册时，注册资本可能并不等于实际已经收到的资本，即可能小于实收资本。

实收资本则代表了公司实际已经收到的股东出资总额，是企业在实际运营中可以使用的资金。

三、法律效力

注册资本是对企业偿债能力、责任的一种认定，是公司在法律上必须承担的责任范围。它虽然代表了公司的资本规模，但并不直接等同于企业实际拥有的资金。

实收资本的注册登记则是政府对法人的核准行为，它代表了企业实际已经拥有的资本金，是企业进行生产经营活动的物质基础。

四、其他区别

变更流程：注册资本的变更需要遵循一定的法律程序，包括修改公司章程、向工商行政管理部门申请变更登记等。而实收资本的变更则更多地体现在企业的实际运营中，如股东追加投资、减少投资。

用途：注册资本主要用于衡量公司的规模和承担责任的能力，而实收资本则主要用于公司的日常运营、扩大生产规模、增加投资、偿还债务等合法合规的企业经营活动。

综上所述，注册资本和实收资本在公司财务和法律层面具有不同的意义和作用。注册资本是公司设立时向工商行政管理部门登记的资本总额，是法律上对公司注册的登记要求；而实收资本则是企业实际收到的股东出资总额，是企业进行生产经营活动的物质基础。两者在概念、金额、法律效力等方面都存在明显的区别。

### （四）设置的主要账户

投资者可以投什么资金？通俗地说，投资者有什么，他就可以给企业投资什么，可以投资钱、材料、车子、房子、机器等，只要双方可以确认价值。概括来说，有货币投资、实物投资、无形资产投资。

从会计要素变动的角度分析：投资者投入资金，如投入材料300万元，企业收到材料，企业的材料增加，即资产增加，同时，投资者对企业的要求权增加，即所有者权益增加，所以投入资金会引起资产增加、所有者权益增加。

1. 实收资本

实收资本是所有者权益类账户，用来核算所有者投入企业的资本金变化过程及其结果。其贷方登记所有者投入企业资本金的增加，借方登记所有者投入企业资本金的减少；期末余额在贷方，表示所有者投入企业资本金的结余额。

2. 库存现金

库存现金是指企业为了满足经营过程中零星支付需要而保留的现金。

库存现金是资产类账户，用来核算企业库存现金的增减变动情况。其借方登记增加即实际存入的现金，贷方登记减少即实际支付的现金；余额在借方，表示库存现金的实有数额。

3. 银行存款

银行存款是指企业存放在银行和其他金融机构的货币资金。按照国家现金管理和结算制度的规定，每个企业都要在银行开立账户，称为结算户存款，用来办理存款、取款和转账结算。

银行存款是资产类账户，用来核算企业存放在银行的款项的增减变动情况。其借方登记增加即实际存入银行的存款，贷方登记减少即实际支出的银行存款；余额在借方，表示存款的结存数。

4. 固定资产

固定资产是指企业为生产产品、提供劳务、出租或者经营管理而持有的，使用时间超过12个月的，价值达到一定标准的非货币性资产，包括房屋、建筑物、机器、机械、运输工具以及其他与生产经营活动有关的设备、器具、工具等。

固定资产是资产类账户，用来核算企业使用期限超过1年的房屋、建筑物、机器、运输工具等的变动情况。其借方登记企业购入、建造、投资者投入等导致的各种固定资产原价的增加，贷方登记企业出售、报废等导致的各种固定资产原价的减少；余额在借方，表示期末固定资产的账面原价。

5. 无形资产

无形资产是指企业为生产商品、提供劳务、出租给他人或为管理目的而持有的，没有实物形态的可辨认非货币性长期资产，包括专利权、非专利技术、商标权、土地使用权等。

无形资产是资产类账户，用来核算企业没有实物形态的非货币性长期资产的增减变动。其借方登记企业购入、投资者投入等导致的各种无形资产的增加，贷方登记企业出售等导致的各种无形资产的减少；余额在借方，表示现有无形资产的数额。

6. 原材料

原材料是指企业库存的各种材料，包括原料及主要材料、辅助材料、外购半成品、修理用备件、包装材料、燃料等。

原材料是资产类账户，用来核算企业库存的各种材料变动情况。其借方登记企业购入、投资者投入等导致的各种库存原材料数额的增加，贷方登记企业领用、投出等导致的各种库存原材料数额的减少；余额在借方，表示原材料的库存数。

**（五）投资者投入资金核算举例**

ABC有限责任公司2024年1月发生如下经济业务：

例1. 收到投资者投入的货币资金20 000元，存入银行。

借：银行存款　　　　20 000

　贷：实收资本　　　　20 000

例2. 收到投资人投入的新设备一台，原值380 000元。

借：固定资产　　　　380 000

　贷：实收资本　　　　380 000

例3. 收到投资人投入的材料一批，价值100 000元，材料已验收入库。

借：原材料　　　　100 000

贷：实收资本　　　　　100 000

例4. 收到投资者投入企业的一项专利权，经双方协商，价值500 000元。

借：无形资产　　　　　500 000

贷：实收资本　　　　　500 000

## 二、负债筹资业务的核算

企业从债权人那里筹集到的资金形成企业的负债，它表示企业的债权人对企业资产的要求权，即债权人权益。当企业为了取得生产经营所需的资金、商品或劳务等向银行借款或向其他单位赊购材料、商品时，就形成了企业同其他经济实体之间的债务关系。

这里仅以流动负债中的短期借款和非流动负债中的长期借款为例，介绍负债资金筹集业务的核算内容。

### （一）短期借款筹资

短期借款是指企业为了满足其生产经营活动对资金的临时需要而向银行或其他金融机构等借入的偿还期限在1年以内（含1年）的各种借款。一般情况下，企业取得短期借款是为了维持正常的生产经营活动或者是抵偿某项债务。企业应遵守银行或其他金融机构的有关规定，根据企业的借款计划及确定的担保形式，经贷款单位审核批准并订立借款合同后方可取得各种短期借款。每笔借款在取得时可根据借款合同上的金额来确认和计量。

### （二）短期借款本金、利息的确认

短期借款必须按期归还本金并按时支付利息。短期借款的利息支出属于企业在理财活动过程中为筹集资金而发生的一项耗费，在会计核算中，企业应将其作为期间费用（财务费用）加以确认。短期借款利息的支付方式和支付时间不同，会计处理的方法也有一定的区别。如果银行对企业的短期借款按月计收利息，或者虽在借款到期收回本金时一并收回利息，但利息数额不大，企业可以在收到银行的计息通知或在实际支付利息时，直接将发生的利息费用计入当期损益（财务费用）；如果银行对企业的短期借款采取按季或半年等较长期间计收利息，或者是在借款到期收回本金时一并计收利息且利息数额较大，为了正确地计算各期损益额，保持各个期间损益额的均衡性，企业通常按权责发生制核算基础的要求，采取预提的方法按月预提借款利息，计入预提期间损益（财务费用），待季度或半年等结息期终了或到期支付利息时，再冲销应付利息这项负债。短期借款利息的计算公式为：

短期借款利息＝借款本金×利率×时间

按照权责发生制核算基础的要求，应于每月末确认当月的利息费用，因而这里的“时间”是一个月，而利率往往都是年利率，所以应将其转化为月利率，方可计算出一个月的利息额——年利率除以12即月利率。如果是在月内的某一天取得的借款，则该日作为计息的起点时间，对于借款当月和还款月则应按实际经历天数计算（不足整月），此时应将月利率转化为日利率。在将月利率转化为日利率时，为简化起见，一个月一般按30天计算，一年按360天计算。

**（三）短期借款筹资的账户**

1. 短期借款

短期借款是负债类账户。其贷方登记取得的短期借款，即短期借款本金的增加，借方登记短期借款的偿还，即短期借款本金的减少；期末余额在贷方，表示企业尚未偿还的短期借款的本金结余额。

2. 财务费用

财务费用是损益类账户，用来核算企业为筹集生产经营所需资金等而发生的各种筹资费用，包括利息支出（减利息收入）、佣金、汇兑损失（减汇兑收益）以及相关的手续费、企业发生的现金折扣或收到的现金折扣等。其借方登记发生的财务费用，贷方登记发生的应冲减财务费用的利息收入、汇兑收益以及期末转入“本年利润”账户的财务费用净额（即财务费用支出大于收入的差额，如果收入大于支出则进行反方向的结转）。经过结转之后，该账户期末没有余额。

3. 应付利息

应付利息是负债类账户，用来核算企业已经发生但尚未实际支付的利息费用。其贷方登记预先按照一定的标准提取的应由本期负担的利息费用，借方登记实际支付的利息费用；期末余额在贷方，表示已经预提但尚未支付的利息费用。

**（四）短期借款核算举例**

例1. C公司于2018年7月1日借入短期借款100 000元，借款期为两个月，年利率为6%（单利计息），到期还本付息。

借：银行存款　　　　　　　100 000

　贷：短期借款　　　　　　　100 000

7月末，确认尚未偿还的利息为100 000×6%÷12×1=500元。

借：财务费用　　　　　　　500

　贷：应付利息　　　　　　　500

8月末，确认尚未偿还的利息和7月末的处理相同。

到期偿还短期借款本金和利息。

借：短期借款　　　　　　　100 000

　　应付利息　　　　　　　1 000

　贷：银行存款　　　　　　　101 000

**（五）长期借款筹资**

长期借款是企业向银行或其他金融机构借入的偿还期限在1年以上或超过1年的一个营业周期以上的各种借款。一般来说，企业举借长期借款，主要是为了增添大型固定资产、购置地产、增添或补充厂房等，也就是为了扩充经营规模而增加各种长期耐用的固定资产。在会计核算中，应当区分长期借款的性质，按照申请获得贷款时实际收到的贷款数额进行确认和计量，并按照规定的利率和使用期限定期计息并确认为长期借款入账（注意此处与短期借款的区别）。贷款到期，企业应当按照借款合同的规定按期清偿借款本息。

**（六）长期借款利息的确认**

按照会计制度的规定，长期借款的利息费用等，应按照权责发生制核算基础的要求，按期计算提取计入所购建资产的成本（即予以资本化）或直接计入当期损益（财务费用）。具体地说，就是在该长期借款所进行的长期工程项目完工之前发生的利息，应将其资本化，计入该工程成本；在工程完工达到预定可使用状态之后产生的利息支出，应停止借款费用资本化而予以费用化，在利息费用发生的当期直接计入当期损益（财务费用）。

**（七）长期借款账户**

长期借款是负债类账户，用来核算企业从银行或其他金融机构取得的长期借款的增减变动及其结余情况。其贷方登记长期借款的增加数（包括本金和各期计算出来的到期支付的未付利息），借方登记长期借款的减少数（偿还的借款本金和利息）；期末余额在贷方，表示尚未偿还的长期借款本息结余额。

**（八）长期借款核算举例**

例1. ABC公司为购建生产线（工期1年），于2023年1月1日借入两年期借款5 000 000元，年利率6%（单利计息），到期还本付息。款项存入银行账户，并当即投入生产线购建中。2024年末，工程完工。

借：银行存款　　　　　　　5 000 000

　贷：长期借款　　　　　　　5 000 000

2023年末，确认利息为5 000 000×6%×1=300 000元（资本化处理）。

借：在建工程　　　　　　　300 000

　贷：长期借款　　　　　　　300 000

2024年，该长期借款利息应分月进行费用化处理（每月处理一次）。

借：财务费用　　　　　　　　25 000

　贷：长期借款　　　　　　　　25 000

2024年末，到期偿还长期借款本金和利息。

借：长期借款　　　　　　　　5 600 000

　贷：银行存款　　　　　　　　5 600 000

## 第二节　巧妇难为无米之炊——采购业务的核算

企业筹集到资金，接下来要做什么呢？那就是采购业务。企业要进行正常的产品生产经营活动，就必须购买和储备一定品种和数量的原材料。原材料是产品制造企业生产产品不可缺少的物质要素，在生产过程中，材料经过加工而改变其原来的实物形态，构成产品实体的一部分，或者实物消失而有助于产品的生产。因此，产品制造企业要有计划地采购材料，既要保证及时、按质、按量地满足生产上的需要，同时又要避免储备过多，不必要地占用资金。

企业储存备用的材料，通常都是向外单位采购而得的。在材料采购过程中，一方面是企业从供应单位购进各种材料，计算所购进材料的采购成本，另一方面企业要按照经济合同和约定的结算办法支付材料的买价和各种采购费用，并与供应单位发生货款结算关系。

### 一、材料的采购成本

材料的采购成本是指企业物资从采购到入库前所发生的全部支出，包括购买价款、相关税费、运输费、装卸费、保险费以及其他可归属于采购成本的费用。入库前的挑选整理费和运输途中的合理损耗也计入材料成本。购买材料时一般纳税人产生的增值税不计入成本。

以上的支出中，买价为直接费用，直接计入材料采购成本；其他的费用也称为采购费用，属共同费用。对于共同费用，凡能分清是某种材料直接负担的，可以直接计入材料的采购成本，不能分清的，应按材料的重量等标准分配计入材料采购成本。

根据时点的不同，材料的采购会运用“在途物资”和“原材料”两个账户。在途物资顾名思义就是还在路上、还没进入仓库的材料，但从法律上讲，企业已拥有这些物资的所有权，所以是属于企业的资产。一旦这些材料到了企业，验收进入仓库，就成了原材料。

## 二、主要设置的账户

### （一）在途物资

在途物资是资产类账户，用来核算企业采用实际成本进行材料物资日常核算时外购材料的买价和各种采购费用，据以计算、确定购入材料的实际采购成本。其借方登记购入材料的买价和采购费用（实际采购成本），贷方登记结转完成采购过程、验收入库材料的实际采购成本；期末余额在借方，表示尚未运达企业或者已经运达企业但尚未验收入库的在途材料的成本。

### （二）原材料

原材料是资产类账户，用来核算企业库存材料实际成本的增减变动及其结存情况。其借方登记已验收入库材料实际成本的增加，贷方登记发出材料的实际成本（即库存材料实际成本的减少）；期末余额在借方，表示库存材料实际成本的期末结余额。

### （三）应付账款

应付账款是负债类账户，用来核算企业因购买原材料、商品和接受劳务供应等经营活动应支付的款项。其贷方登记应付供应单位款项（买价、税金和代垫运杂费等）的增加，借方登记应付供应单位款项的减少（即偿还）；期末余额一般在贷方，表示尚未偿还的应付款的结余额。

### （四）预付账款

预付账款是资产类账户，用来核算企业按照合同规定向供应单位预付购料款而与供应单位发生的结算债权的增减变动及其结余情况（企业进行在建工程预付的工程价款，也在该账户核算）。其借方登记结算债权的增加，即预付款的增加，贷方登记收到供应单位提供的材料物资而应冲销的预付款债权，即预付款的减少；期末余额一般在借方，表示尚未结算的预付款的结余额，如果该账户期末余额出现在贷方，则表示企业尚未补付的款项。

如果企业预付款项的情况不多，也可以不设置此科目，将预付的款项直接记入“应付账款”账户。

### （五）应付票据

应付票据是指企业购买材料、商品和接受劳务供应等而开出、承兑的商业汇票，包括银行承兑汇票和商业承兑汇票。这是企业的一种短期债务，一般为几个月，最长不超过1年。通常用于解决企业因购买物资或接受劳务等而产生的资金不足问题。应付票据到期后，企业需要支付票款给收款人或持票人，以履行其支付义务。如果企业无法按时支付票款，可能会面临罚款、信用受损等风险。

应付票据是负债类账户，用来核算企业采用商业汇票结算方式购买材料物资等而开出、承兑商业汇票的增减变动及其结余情况。其贷方登记企业开出、承兑商业汇票的增加，借方登记到期商业汇票的减少；期末余额在贷方，表示尚未到期的商业汇票的期末结余额。

小知识

**什么是商业汇票**

商业汇票是由收款人或付款人（或承兑申请人）签发，由承兑人承兑，并于到期日向收款人或持票人无条件支付款项的票据。商业汇票结算方式适用于企业先发货后收款或者双方约定延期付款的具有真实的交易关系或债权债务关系的款项的结算，同城结算和异地结算均可使用。商业汇票的付款期限由交易双方共同商定，但根据《商业汇票结算办法》规定，其最长期限不超过6个月。持票人如果急需资金，可以持未到期的票据到银行办理贴现。

采用商业汇票结算方式，可以使企业之间的债权债务关系表现为外在的票据，使商业信用票据化，具有较强的约束力，有利于维护和发展社会主义市场经济。对于购货企业来说，可以延期付款，在资金暂时不足的情况下及时购进材料物资，保证生产经营顺利进行。对于销货企业来说，可以疏通商品渠道，扩大销售，促进生产。

## 三、采购业务核算举例（这里不涉及采购过程的税金）

ABC有限责任公司2024年1月发生如下经济业务：

例1. 从甲企业购入A材料一批，数量10 000千克，价值40 000元，材料已入库，货款以银行存款支付。

借：原材料　　　　　　40 000

　贷：银行存款　　　　　40 000

例2. 从乙企业购入B材料一批，数量10 000千克，价值2 500元，材料尚未运到，货款以银行存款支付。

借：在途物资　　　　　　2 500

　贷：银行存款　　　　　　2 500

例3. 上述材料全部验收入库。

借：原材料　　　　　　2 500

　贷：在途物资　　　　　　2 500

例4. 从丙企业购入A材料一批，数量5 000千克，价值25 000元，材料已入库，货款未付。

借：原材料　　　　　　25 000

　贷：应付账款　　　　　　25 000

例5. 用银行存款偿还上述所欠的全部款项。

借：应付账款　　　　　　25 000

　贷：银行存款　　　　　　25 000

例6. 从丁企业购入B材料一批，数量3 000千克，价值9 000元，材料已入库，企业向丁企业签发了一张面值9 000元的商业承兑汇票，期限为3个月。

借：原材料　　　　　　9 000

　贷：应付票据　　　　　　9 000

例7. 上述商业承兑汇票到期，用银行存款偿还。

借：应付票据　　　　　　9 000

　贷：银行存款　　　　　　9 000

例8. 与戊公司签订购销合同，购入A材料一批，按合同预付货款50 000元，以银行存款支付。

借：预付账款　　　　　　50 000

　贷：银行存款　　　　　　50 000

例9. 接上例，ABC公司收到戊公司发来的A材料，数量10 000千克，材料货款40 000元，材料已入库，对方已退回多余的预付款。

借：原材料　　　　　　40 000

　贷：预付账款　　　　　　40 000

收到对方退回的预付款，有：

借：银行存款　　　　　　10 000

　贷：预付账款　　　　　　10 000

例10. ABC公司从DEF公司购入A、B 两种材料，A材料5 000千克，价款20 000

元，B材料10 000千克，价款50 000元。两种材料的价款均已通过银行存款支付。另外企业用银行存款支付A、B两种材料的运输费3 000元。

A、B两种材料的运输费3 000元，按材料重量比例分摊：

分配率＝3 000÷（5 000＋10 000）＝0.2（元/千克）；

A材料应分摊运输费用＝0.2×5 000＝1 000元；

B材料应分摊运输费用＝0.2×10 000＝2 000元。

A材料的总成本：买价＋分摊的运费＝20 000＋1 000＝21 000元。

B材料的总成本：买价＋分摊的运费＝50 000＋2 000＝52 000元。

借：原材料——A材料　　　　21 000

　　原材料——B材料　　　　52 000

　贷：银行存款　　　　　　　73 000

## 第三节　生米变熟饭——生产过程的核算

材料买到了，接下来要做什么呢？那就是生产产品。生产过程是指从企业将原材料、人工、机器设备等生产要素投入生产开始，到生产出新的产品完工入库为止的整个过程中发生的交易、事项。

在生产活动过程中，流程是从仓库里面把原材料领到生产车间，生产车间再用人工、生产设备进行加工，加工过程当中的称为在产品，也称为生产成本，生产结束的就变成了产成品，也可以用库存商品来表示。不管是原材料、在产品还是库存商品，这些都是我们通常意义上的存货。

在会计中，只有在生产环节发生的代价，我们才称之为成本。要计算产品的成本，须设置一个类别的账户，即成本类账户。

### 一、生产成本包括的内容

企业为生产一定种类、一定数量产品所支出的各种生产费用对象化于产品就形成了生产成本。

生产费用按其计入产品成本的方式不同，可以分为直接费用和间接费用。

直接费用是指企业在生产产品过程中实际消耗的直接材料和直接人工。

直接材料，是指企业在生产产品和提供劳务的过程中所消耗的、直接用于产品生产的，构成产品实体的各种原材料、主要材料、外购半成品以及有助于产品形成的辅助材料等。

直接人工，是指企业在生产产品和提供劳务的过程中，直接从事产品生产的工人的工资、津贴、补贴和福利费等薪酬内容。

间接费用是指企业为生产产品和提供劳务而发生的各项间接支出，通常称为制造费用。制造费用的构成内容比较复杂，包括间接的职工薪酬、折旧费、修理费、办公费、水电费、机物料消耗、季节性停工损失等。

小问答

问：费用和成本有什么区别？

答：企业要生产产品就要发生各种生产耗费，包括生产资料中的劳动手段（如机器设备）和劳动对象（如原材料）的耗费，以及劳动力等方面的耗费。企业把在生产过程中发生的、用货币形式表现的生产耗费称作生产费用。这些费用最终都要归集、分配到一定种类的产品上去，从而形成各种产品的成本。换言之，企业为生产一定种类、一定数量产品所支出的各种生产费用的总和对象化于产品就形成了这些产品的成本。由此可见，费用与成本有着密切的联系，费用的发生过程也就是成本的形成过程，费用是产品成本形成的基础。但是，费用与成本也有一定的区别。费用是在一定期间为了进行生产经营活动而发生的各项耗费，它与发生的期间直接相关，即费用强调“期间”，而成本则是为生产某一产品或提供某一劳务所消耗的费用，成本与负担者直接相关，即成本强调“对象”。

## 二、生产成本核算使用的相关账户

### （一）生产成本

生产成本是成本类账户，用来归集和分配企业进行工业性生产所发生的各项生产费用，进而根据该账户可以正确地计算产品生产成本。其借方登记应计入产品生产成本的各项费用（包括直接计入产品生产成本的直接材料、直接人工和期末按照一定的方法分配计入产品生产成本的制造费用），贷方登记结转完工验收入库产成品的生产成本；期末如有余额则在借方，表示尚未完工产品（在产品）的成本，即生产资金的占用额。

**（二）制造费用**

制造费用是成本类账户，用来归集和分配企业生产车间（基本生产车间和辅助生产车间）范围内为组织和管理产品的生产活动而发生的各项间接生产费用，包括车间范围内发生的管理人员的薪酬、折旧费、修理费、办公费、水电费、机物料消耗、季节性停工损失等。其借方登记实际发生的各项制造费用，贷方登记期末经分配转入“生产成本”账户借方（应计入产品制造成本）的制造费用额；期末在费用结转后该账户一般没有余额（季节性生产企业除外）。

**（三）应付职工薪酬**

应付职工薪酬是负债类账户，用来核算企业职工薪酬的确认与实际发放情况，并反映和监督企业与职工薪酬结算情况。该账户贷方登记当月计算的应付职工薪酬总额，包括各种工资、奖金、津贴和福利费等，同时应付的职工薪酬应作为一项费用按其经济用途分配记入有关的成本、费用账户；借方登记当月实际支付的职工薪酬数。月末如为贷方余额，表示本月应付职工薪酬大于实付职工薪酬的数额，即应付未付的职工薪酬。

**（四）累计折旧**

累计折旧是资产类账户，用来核算企业固定资产已提折旧的累计情况。因为是固定资产的抵减账户，所以累计折旧的记账方向和固定资产相反。其贷方登记按月提取的折旧额，即累计折旧的增加，借方登记因减少固定资产而减少的累计折旧；期末余额在贷方，表示已提折旧的累计额。

## 小问答

问：固定资产价值的减少，为什么不用固定资产账户而是用累计折旧账户核算？该如何核算？

答：为了给固定资产的管理提供有用的会计信息，真实、准确地反映企业固定资产价值的增减变动及其结存情况，在会计核算过程中设置了“固定资产”账户。固定资产在其较长的使用期限内保持原有实物形态，其价值却随着固定资产的损耗而逐渐减少，但在其实物未被报废清理之前，总有一部分价值相对固定在实物形态上。固定资产管理要求原价与实物口径相一致，以考核固定资产的原始投资规模。固定资产由于损耗而减少的价值就是固定资产的折旧。固定资产的折旧应该作为折旧费用计入产品成本和期间费用，这样做不仅是为了使企业在将来有能力重置固定资产，更主要的是为了实现期间收入与费用的正确配比。计提固定资产折旧，通常是根据期初固定资产的原价和规定的折旧率按月计算提取的。

基于固定资产的上述特点，“固定资产”账户反映的是固定资产取得时的成本（原值），为了使“固定资产”账户能按固定资产的取得成本反映其增减变动和结存情况，并便于计算和反映固定资产的账面净值（折余价值），需要专门设置一个用来反映固定资产损耗价值（即折旧额）的账户，即“累计折旧”账户。每月计提的固定资产折旧记入该账户的贷方，表示固定资产因损耗而减少的价值，累计折旧越多，表示固定资产价值越少；“累计折旧”账户期末应为贷方余额，表示现有固定资产已提取的累计折旧额。“累计折旧”账户是固定资产的抵减账户，将“累计折旧”账户的贷方余额抵减“固定资产”账户的借方余额即可求得固定资产的净值。比如说，一台机器原值是10 000元，假设每个月折旧额是100元，则使用12个月后，这台机器的净值为原值10 000元减去12个月的累计折旧，即10 000－100×12＝8 800元。

在具体核算时，计提折旧记在“累计折旧”账户的贷方，反映固定资产价值的减少。那对应的借方账户是什么呢？由于折旧反映的是固定资产净值的减少，也就是体现在各项成本或费用增加，或者说折旧是一项费用——不需要付现的费用，应根据所属部门记录相应成本或费用账户的借方，如生产部门使用的记录在制造费用借方，管理部门使用的记录在管理费用借方，销售部门使用的记录在销售费用借方。

**注意！**

折旧是一项非付现的费用，如生产产品机器设备的折旧（费）不需要支付，只是生产不断使机器设备损耗，通过产品收入获得补偿。

### （五）管理费用

管理费用是损益类账户，用来核算企业为组织和管理生产经营所发生的费用。具体包括企业在筹建期间发生的开办费，董事会和行政管理部门在企业经营管理中发生的或应由企业统一负担的公司管理人员薪酬、折旧费、办公经费等公司经费，业务招待费、费用化的研发支出、管理部门固定资产的日常修理费等其他经费。该账户的借方登记发生的管理费用，贷方登记结转存货盘盈等冲减的管理费用，以及期末转入“本年利润”账户的费用。经过结转之后，该账户期末没有余额。

**（六）库存商品**

库存商品是资产类账户，用来核算企业库存的外购商品、自制产品（即产成品）、自制半成品、存放在门市部准备出售的商品、发出展览的商品以及寄存在外的商品等的实际成本（或计划成本）的增减变动及其结余情况。其借方登记验收入库商品成本的增加（包括外购、自产、委外加工等），贷方登记库存商品成本的减少（发出）；期末余额在借方，表示库存商品成本的期末结余额。

### 小问答

问："生产成本"和"营业成本"都有"成本"一词，为何"生产成本"列在资产负债表的存货中，而"营业成本"却列在利润表中？

答：在生产的过程中，生产产品需要付出生产成本，生产成本包括原材料、支付给工人的工资、生产车间的水电支出，还包括厂房设备的折旧等。生产成本虽然带着"成本"一词，但它的余额代表的是没有完工产品即在产品的成本，在产品属于企业的存货，所以"生产成本"并不在利润表上，而是体现在资产负债表的存货中。

而利润表中的"成本"是指营业成本。通俗地讲，在卖出产成品之后，企业虽然获得了一笔收入，却也因此失去了自己生产出的产品，这些交易产生的直接损失便是所谓的营业成本。体现在"存货"中的产成品接下来就会被卖掉，而一旦被卖掉，企业就失去了这些产品，它们就变成了我们获得收入过程中的成本，即营业成本。

营业成本和生产成本之间是部分与整体的关系。营业成本是生产成本的一部分，是那些被卖掉的产成品的生产成本。而没有完工的产品也就是在产品的成本就是生产成本，所以就列在存货项目中。随着存货被卖掉，生产成本便被反映在利润表的营业成本当中。

## 三、生产成本核算举例

2024年1月，ABC公司发生如下经济业务：

例1. 生产车间生产A产品消耗丙材料15 000元，生产B产品消耗乙材料5 000元，车间一般性丙材料消耗300元。

借：生产成本——A产品　　　　15 000

　　生产成本——B产品　　　　5 000

制造费用　　　　　　　　　　　　300

贷：原材料——丙材料　　　　　　　15 300

原材料——乙材料　　　　　　　5 000

例2. 根据考勤记录和产量记录等，计算确定本月A产品生产工人工资9 000元，B产品生产工人工资4 000元，车间管理人员工资3 000元。

借：生产成本——A产品　　　　　　9 000

生产成本——B产品　　　　　　4 000

制造费用　　　　　　　　　　3 000

贷：应付职工薪酬　　　　　　　　16 000

例3. 生产车间用银行存款支付应由本月负担的车间设备修理费3 500元。

借：制造费用　　　　　　　　　　3 500

贷：银行存款　　　　　　　　　　3 500

例4. 计提本月固定资产折旧，其中，生产车间固定资产折旧额8 000元，行政部门固定资产折旧额3 000元。

借：制造费用　　　　　　　　　　8 000

管理费用　　　　　　　　　　3 000

贷：累计折旧　　　　　　　　　　11 000

例5. 将本月发生的制造费用14 800元（300＋3 000＋3 500＋8 000）按照生产工时比例分配计入A、B产品的生产成本。其中，A产品生产工时600个，B产品生产工时400个。

制造费用分配率：14 800÷（600＋400）＝14.8

A产品分配制造费用＝14.8×600＝8 880

B产品分配制造费＝14.8×400＝5 920

借：生产成本——A产品　　　　　　8 880

生产成本——B产品　　　　　　5 920

贷：制造费用　　　　　　　　　　14 800

例6. 本月生产完工 A、B两种产品，其中，A产品完工总成本为20 000元，B产品完工总成本为10 000元。A、B产品现已验收入库，结转成本。

借：库存商品——A产品　　　　　　20 000

库存商品——B产品　　　　　　10 000

贷：生产成本——A产品　　　　　　20 000

生产成本——B产品　　　　　　10 000

## 第四节 王婆卖瓜——销售过程的核算

企业经过了产品生产过程，生产出符合要求、可供对外销售的产品，形成了商品存货，接下来就要进入销售过程。通过销售过程，将生产出来的产品销售出去，实现它们的价值。销售过程是企业经营过程的最后一个阶段。产品制造企业在销售过程中，通过销售产品，按照销售价格收取产品价款，形成商品销售收入。在销售过程中结转的商品销售成本，以及发生的运输、包装、广告等销售费用，按照国家税法的规定计算缴纳的各种销售税金等，都应该从销售收入中得到补偿，补偿之后的差额为企业销售商品的业务成果，即利润或亏损。企业在销售过程中除了发生销售商品、自制半成品以及提供工业性劳务等业务（即主营业务）外，还可能发生一些其他业务，如销售材料、出租包装物、出租固定资产。这里主要介绍企业主营业务收支和其他业务收支的核算内容。

### 一、主营业务收支核算设置的相关账户

#### （一）主营业务收入

主营业务收入是损益类账户，用来核算企业销售商品和提供劳务所实现的收入。其贷方登记企业实现的主营业务收入（即主营业务收入的增加），借方登记发生销售退回和销售折让时应冲减本期的主营业务收入和期末转入“本年利润”账户的主营业务收入额（按净额结转）；结转后该账户期末应没有余额。

#### （二）应收账款

应收账款是资产类账户，用来核算因销售商品和提供劳务等而应向购货单位或接受劳务单位收取货款的结算情况（结算债权）的账户，代购货单位垫付的各种款项也在该账户中核算。其借方登记由于销售商品以及提供劳务等而发生的应收账款（即应收账款的增加），包括应收取的价款、税款和代垫款等，贷方登记已经收回的应收账款（即应收账款的减少）。期末余额如在借方，表示尚未收回的应收账款；期末余额如在贷方，表示预收的账款。

#### （三）预收账款

预收账款是负债类账户，用来核算企业按照合同的规定预收购货单位订货款的增减变动及其结余情况。其贷方登记预收购货单位订货款的增加，借方登记销售实

现时冲减的预收货款。期末余额如在贷方，表示企业预收款的结余额；期末余额如在借方，表示购货单位应补付给本企业的款项。

应注意，对于预收账款业务不多的企业，可以不单独设置“预收账款”账户，而将预收的款项直接记入“应收账款”账户，此时，“应收账款”账户就成为双重性质的账户。

**（四）应收票据**

应收票据是指企业因销售商品、提供劳务等而收到的商业汇票。这种商业汇票是一种由出票人签发的，委托付款人在指定日期无条件支付确定的金额给收款人或者持票人的票据。应收票据的期限通常较短，一般属于企业的流动资产。

应收票据是资产类账户，用来核算企业销售商品而收到购货单位开出并承兑的商业承兑汇票或银行承兑汇票的增减变动及其结余情况。其借方登记增加（即企业收到购货单位开出并承兑的商业汇票），贷方登记减少（即票据到期收回购货单位货款）；期末该账户如有余额应在借方，表示尚未到期的票据应收款项的结余额。

### 小知识

**账款和票据的区别**

票据是指出票人约定自己或委托付款人见票时或在指定时间向收款人或持票人无条件支付一定金额并可以流通转让的有价证券。它是一种可以流通转让的支付工具，具有设权性、文义性、无因性、要式性、流通转让性、提示性、返还性和可追索性等特性。

账款则更多指的是实际存在的应收或应付的款项，侧重于实际的金融交易，是交易双方实际应支付或应收到的款项。账款处理可能涉及资金的划拨、结算、催收或偿还等实际操作。

票据一般是纸质形式，如汇票、本票和支票。通常是因为企业获取对方开具的票据而形成的，例如销售货物后收到客户开具的商业汇票。

账款没有具体形态，它是记录在账簿上的应收或应付金额。账款是因为企业销售货物、提供服务或购买物资等交易所形成的债权或债务关系。

票据作为一种支付工具，具有支付、汇兑、结算、融资等功能。票据可以用于企业间的结算、支付货款、融资等经济活动。同时，票据还可以背书转让，增加其流通性。企业需要关注票据的到期日、承兑人的信用状况等风险因素，以确保票据的顺利兑付。

账款主要反映了企业或个人在交易过程中形成的债权或债务关系。账款的收付是企业资金流动的重要组成部分，涉及企业的财务管理和资金运作。企业需要加强对应收账款的催收管理，降低坏账风险；同时，对于应付账款，企业需要合理安排资金支付，避免逾期支付带来的信用风险。

在实际经济活动中，企业需要根据自身的业务需求和风险管理要求，合理使用票据和账款这两种金融工具。

**（五）主营业务成本**

主营业务成本是损益类账户，用来核算企业经营主营业务而发生的实际成本及其结转情况。其借方登记主营业务发生的实际成本，贷方登记期末转入“本年利润”账户的主营业务成本；经过结转之后，该账户期末没有余额。

**（六）税金及附加**

企业在销售商品过程中，实现了商品的销售额，就应该向国家税务机关缴纳各种税金及附加，包括消费税、城市维护建设税（简称“城建税”）、资源税、教育费附加，以及车船税、房产税、城镇土地使用税和印花税等相关税费。这些税金及附加一般是根据有关计税基数，按照规定的税率计算缴纳。其中：

应交消费税＝应税消费品的销售额×消费税税率

应交城建税＝（应交消费税＋应交增值税）×城建税税率

教育费附加的计算方式与城建税相同，只是比例不同。这些税金及附加大多是在当月计算而在下个月缴纳的，因而在计算税金及附加时，一方面将其作为企业发生的一项费用支出，另一方面形成企业的一项负债。

税金及附加是损益类账户，用来反映企业负担的各种税金及附加的计算及其结转情况。其借方登记按照有关的计税依据计算出的各种税金及附加额，贷方登记期末转入“本年利润”账户的税金及附加额；经过结转之后，该账户期末没有余额。

**（七）应交税费**

应交税费是负债类账户，用来核算企业按税法规定应缴纳的各种税费（印花税等不需要预计税额的税种除外）的计算与实际缴纳情况。其贷方登记计算出的各种应交而未交税费的增加，包括计算出的增值税、消费税、城市维护建设税、所得税、资源税、房产税、城镇土地使用税、车船税、教育费附加等，借方登记实际缴纳的各种税费。期末余额如果在贷方，表示未交税费的结余额；如果在借方，表示多交的税费。

### （八）销售费用

销售费用是损益类账户，用来核算企业在销售商品、提供劳务的过程中发生的各种费用。包括售前的广告费、展览费，售中发生的包装费、运输费、装卸费、保险费、委托代销的手续费等，售后的预计产品质量保证金等，以及销售机构发生的固定资产的折旧费、修理费、应付销售人员的薪酬等费用。其借方登记发生的费用，贷方登记期末转入“本年利润”账户的销售费用；经过结转之后，该账户期末没有余额。

## 二、主营业务收支核算举例（这里不涉及增值税）

2024年1月，ABC公司发生如下经济业务：

例1. 赊销A产品50台，不含税总价款40 000元。

借：应收账款　　40 000

　贷：主营业务收入——A产品　　40 000

例2. 月末结转本月已销售的50台A产品的销售成本22 000元。

借：主营业务成本——A产品　　22 000

　贷：库存商品——A产品　　22 000

例3. 用银行存款5 000元支付产品的广告费。

借：销售费用　　5 000

　贷：银行存款　　5 000

例4. 经计算，本月应缴纳城建税350元、教育费附加150元。

借：税金及附加　　500

　贷：应交税费——应交城建税　　350

　　　应交税费——应交教育费附加　　150

## 三、其他业务收支

企业在经营过程中，除了要发生主营业务之外，还会发生一些非经常性的、具有兼营性的其他业务。其他业务（也称“附营业务”）是指企业在经营过程中发生的除主营业务以外的其他销售业务，包括销售材料、出租包装物、出租固定资产、出租无形资产、出租商品、使用材料进行非货币性资产交换或债务重组等活动。对于不同的企业而言，主营业务和其他业务的内容划分并不是绝对的，一个企业的主营业务可能是另一个企业的其他业务，即便在一个企业里，不同期间的主营业务和其他业务的内容也不是固定不变的。

**（一）其他业务收支核算设置的相关账户**

1. 其他业务收入

其他业务收入是损益类账户，用来核算企业除主营业务以外的其他业务收入的实现及其结转情况。其贷方登记其他业务收入的实现（即增加），借方登记期末转入“本年利润”账户的其他业务收入额；经过结转之后，期末没有余额。

企业在实现其他业务收入的同时，往往还要发生一些其他业务支出，即与其他业务有关的成本和费用，包括销售材料的成本、出租固定资产的折旧额、出租无形资产的摊销额、出租包装物的成本或摊销额等。为了核算这些支出，需要设置“其他业务成本”账户。

2. 其他业务成本

其他业务成本是损益类账户，用来核算企业除主营业务以外的其他业务成本的发生及其转销情况。其借方登记其他业务成本（包括材料销售成本、提供劳务的成本费用）的发生，即其他业务成本的增加，贷方登记期末转入“本年利润”账户的其他业务成本额；经过结转后，期末没有余额。

**（二）其他业务收支核算举例（这里不涉及增值税）**

例1. 公司销售一批原材料，价款25 000元，款项收到存入银行。

借：银行存款　　　　25 000
　贷：其他业务收入　　　　25 000

例2. 公司月末结转本月已销售原材料的成本22 000元。

借：其他业务成本　　　　22 000
　贷：原材料　　　　22 000

## 小课堂

**支出、费用、成本的关系**

前面我们学习了支出、费用、生产成本、主营业务成本、管理费用、财务费用、销售费用，大家是不是有点分不清？那我们就好好梳理梳理。

支出是指企业在经济活动中发生的一切开支和耗费。而在企业支出中，凡是和企业经营活动有关的那部分均作为费用。由此可见，费用是企业支出的主要构成部分。对象化或者是具体化的费用被称为成本，如在制造企业，生产产品的费用就被称为生产成本，产品销售出去就成了销售成本（主营业务成本）。它们的关系如图5-1所示。

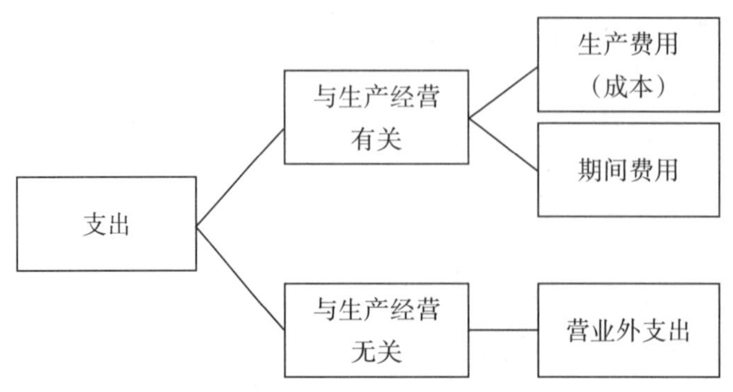


图5-1　支出、费用与成本关系图

期间费用是指企业本期发生的不能直接或间接归入某种产品成本的、直接计入损益的各项费用，包括管理费用、财务费用和销售费用。

管理费用是指企业为组织和管理生产经营所发生的费用，具体包括企业在筹建期间发生的开办费，董事会和行政管理部门在企业经营管理中发生的或应由企业统一负担的公司管理人员薪酬、折旧费、办公经费等公司经费，业务招待费、费用化的研发支出、管理部门固定资产的日常修理费等其他经费。

销售费用是指企业在销售商品、提供劳务的过程中发生的各种费用，包括售前的广告费、展览费，售中发生的包装费、运输费、装卸费、保险费、委托代销的手续费等，售后的预计产品质量保证金等，以及销售机构发生的固定资产的折旧费、修理费、应付销售人员的薪酬等费用。

财务费用是指企业为筹集生产经营所需资金等而发生的筹资费用，包括利息费用、汇兑损益和金融机构手续费。

## 第五节　鼓鼓的腰包——利润形成与分配的核算

企业作为一个独立的经济实体，其经营活动的主要目的就是要不断地提高企业的盈利水平，增强企业的获利能力。利润就是一个反映企业获利能力的综合指标，利润水平不仅反映企业的盈利水平，而且还反映企业向整个社会所作贡献的大小，同时还是各有关方面对该企业进行财务预测和投资决策的重要依据。

### 一、利润的概念

所谓财务成果是指企业在一定会计期间所实现的最终经营成果，也就是企业所实现的利润或亏损总额。利润是按照配比的要求，将一定时期内存在因果关系的收入与费用进行配比而产生的结果，收入大于费用支出的差额部分为利润，反之则为亏损。利润是综合反映企业在一定时期生产经营成果的重要指标。企业各方面的情况，诸如劳动生产率的高低、产品是否适销对路、产品成本和期间费用的节约与否，都会通过利润指标得到综合反映。因此，获取利润就成为企业生产经营的主要目的之一。一个企业的获利与否，不仅关系到企业的发展和职工的生活水平，而且也会影响到社会财富的积累与发展，所以企业必须采取一切措施，增收节支，增强企业的盈利能力，提高经济效益。

## 二、利润的计算公式

与利润有关的计算公式有：

营业利润＝营业收入（包括主营业务收入和其他业务收入）－营业成本（包括主营业务成本和其他业务成本）－税金及附加－销售费用－财务费用－管理费用＋投资收益

利润总额＝营业利润＋营业外收入－营业外支出

净利润＝利润总额－所得税费用

## 三、营业外收支、投资收益和所得税费用账户

### （一）营业外收入

营业外收入是损益类账户，用来核算企业发生的与日常活动无直接关系的各项利得。包括固定资产报废净收益、现金盘盈利得和接受捐赠利得等。其贷方登记本期实现的各种与日常活动无直接关系的利得，借方登记期末转入“本年利润”账户的营业外收入；经过结转之后，期末没有余额。

### （二）营业外支出

营业外支出是损益类账户，用来核算企业发生的与日常活动无直接关系的各项损失。包括固定资产与无形资产报废净损失、固定资产盘亏净损失、公益性捐赠支出、税收滞纳金、罚款支出、违约金以及非常损失等。其借方登记本期发生的各种与日常活动无关损失，贷方登记期末转入“本年利润”账户的营业外支出；经过结转之后，期末没有余额。

### （三）投资收益

投资收益是损益类账户，用来核算企业对外投资取得的收益或发生的损失。其贷方登记企业本期对外投资取得的收益，借方登记企业本期对外投资发生的亏损；期末将账户的余额转入“本年利润”账户，如实现投资净收益，则从借方转出，如

发生投资净亏损，则从贷方转出；经过结转之后，期末没有余额。

**（四）所得税费用**

所得税费用是损益类账户，用来核算企业确认的应从当期利润总额中扣除的所得税费用。其借方登记企业计入当期损益的所得税费用，贷方登记期末转入“本年利润”账户的所得税费用；经过结转之后，期末没有余额。

## 四、本年利润

企业在经营过程中实现了各项收入，相应地也发生了各项支出，对于这些收入和支出都已经在各有关的损益类账户中得到了相应反映。企业的利润总额、净利润额是由企业的收益与其相关的支出进行配比、抵减而确定的，这就涉及何时配比、抵减和怎样配比、抵减的问题。

按照我国会计制度的要求，企业一般应当按月核算利润，按月核算利润有困难的，经批准也可以按季或者按年核算利润。企业计算确定本期利润总额、净利润和本年累计利润总额、累计净利润的具体方法有“账结法”和“表结法”两种。其中账结法是在每个会计期末（一般是指月末）将各损益类账户记录的金额全部转入“本年利润”账户，通过“本年利润”账户借、贷方的记录结算出本期损益总额和本年累计损益额，在这种方法下需要在每个会计期末通过编制结账分录，结清各损益类账户。表结法是在每个会计期末（月末）时，各损益类账户余额不进行转账处理，而是通过编制利润表进行利润的结算，根据损益类项目的本期发生额、本年累计数额填报会计报表（主要是指利润表），在会计报表中直接计算确定损益额，即利润总额、净利润额，年终在年度会计决算时再用账结法，将各损益类账户全年累计发生额通过编制结账分录转入“本年利润”账户。“本年利润”账户集中反映了全年累计净利润的实现或亏损的发生情况。

为了核算企业在一定时期内财务成果的具体形成情况，在会计上需要设置“本年利润”账户。本年利润是所有者权益类账户，用来核算企业在一定时期内净利润的形成或亏损的发生情况。其贷方登记会计期末转入的各项收入（包括主营业务收入、其他业务收入、投资净收益和营业外收入等），借方登记会计期末转入的各项费用（包括主营业务成本、税金及附加、其他业务成本、管理费用、财务费用、销售费用、投资净损失、营业外支出和所得税费用等）。该账户年内期末余额如果在贷方，表示实现的累计净利润，如果在借方，表示累计发生的亏损。具体如图5–2所示。

| 借方　　本年利润 | 贷方 |
| --- | --- |
| 期末转入的各项费用：<br>主营业务成本<br>税金及附加<br>其他业务成本<br>管理费用<br>财务费用<br>销售费用<br>投资净损失<br>营业外支出<br>所得税费用 | 期末转入的各项收入：<br>主营业务收入<br>其他业务收入<br>投资净收益<br>营业外收入 |
| 期末余额：<br>累计亏损 | 期末余额：<br>累计净利润 |

图5-2　“本年利润”账户

年末应将“本年利润”账户的余额转入“利润分配”账户（如果是净利润，应自该账户的借方转入“利润分配”账户的贷方；如果是亏损，应自该账户的贷方转入“利润分配”账户的借方），经过结转之后，该账户年末没有余额。

会计期末（月末或年末）结转各项收入时，借记“主营业务收入”“其他业务收入”“投资收益”“营业外收入”等账户，贷记“本年利润”账户；结转各项费用时，借记“本年利润”账户，贷记“主营业务成本”“税金及附加”“其他业务成本”“管理费用”“财务费用”“销售费用”“营业外支出”“所得税费用”等账户。如果“投资收益”账户反映的为投资净损失，则应进行相反的结转。

## 五、利润形成核算举例

例1. ABC公司将2023年12月实现的各项收入（主营业务收入500 000元、其他业务收入35 000元、投资收益70 000元、营业外收入4 800元）转入“本年利润”账户。

借：主营业务收入　　500 000
　　其他业务收入　　35 000
　　投资收益　　70 000
　　营业外收入　　4 800
　贷：本年利润　　609 800

例2. ABC公司2023年12月末计算本期应交所得税费用16 950元。

借：所得税费用　　16 950
　贷：应交税费——应交所得税　　16 950

例3. ABC公司将2023年12月实现的各项费用（主营业务成本160 000元、税金及附加6 000元、其他业务成本30 000元、管理费用20 000元、财务费用300 000元、销售费用6 000元、营业外支出20 000元、所得税费用16 950元）转入“本年利润”账户。

借：本年利润　　558 950
　贷：主营业务成本　　160 000
　　其他业务成本　　30 000
　　税金及附加　　6 000
　　管理费用　　20 000
　　财务费用　　300 000
　　销售费用　　6 000
　　营业外支出　　20 000
　　所得税费用　　16 950

例4. 2023年12月末，ABC公司结转本期实现的净利润（609 800－558 950＝50 850元）。

借：本年利润　　50 850
　贷：利润分配——未分配利润　　50 850

## 六、利润分配的内容及顺序

投资者投入企业的资金，作为股本或实收资本，参与企业的生产经营活动。企业在生产经营活动过程中取得各种收入，补偿了各项耗费之后形成盈利，并按照国家规定缴纳所得税费用，形成企业的净利润，即税后利润。对于税后利润需要按照规定在各有关方面进行合理分配。

利润分配就是企业根据股东大会或类似权力机构批准的、对企业可供分配利润指定其特定用途和分配给投资者的行为。股份公司实现的净利润应按公司法、公司章程以及股东大会决议的要求进行分配。利润分配的过程和结果不仅关系到每个股东的权益是否得到保障，而且关系到企业的未来发展问题，所以必须做好企业利润分配工作，正确地对利润分配的具体内容进行会计核算。

企业实现的净利润，应按照国家的规定和投资者的决议进行合理分配。企业净利润的分配涉及各个方面的利益关系，包括投资者、企业以及企业内部职工的经济利益，所以必须遵循兼顾投资者利益、企业利益以及企业职工利益的原则对净利润进行分配。其分配的去向主要有：以公积金的形式留归企业，用于企业扩大生产经营；以利润的形式分配给投资者，作为投资者对企业投资的回报；以未分配利润的形式留存于企业。

根据《中华人民共和国公司法》等有关法律法规的规定，企业当年实现的净利润，首先应弥补以前年度尚未弥补的亏损，对于剩余部分，应按照下列顺序进行分配：

**（一）留归企业的公积金**

（1）提取法定盈余公积。法定盈余公积应按照当年实现净利润的一定比例提取，《中华人民共和国公司法》规定公司制企业按净利润的10%提取；其他企业可以根据需要确定提取比例，但不得低于10%。企业提取的法定盈余公积累计额超过注册资本50%的，可以不再提取。

（2）提取任意盈余公积。任意盈余公积一般按照股东大会决议提取。

**（二）可供投资者分配的利润**

企业实现的净利润在扣除上述项目后，再加上年初未分配利润和其他转入数（公积金弥补的亏损等），形成可供投资者分配的利润，用公式表示为：

可供投资者分配的利润＝净利润－弥补以前年度的亏损－提取的法定盈余公积－提取的任意盈余公积＋以前年度未分配利润＋其他转入数

**注意！**

如果企业以前亏得太多了，今年的利润还不够把以前的亏损弥补掉，意味着还要等以后赚了钱再来弥补这些亏损，也就是说，如果以前年度的亏损金额没有办法完全弥补掉，就不能对这一年的利润再作其他的打算。

可供投资者分配的利润，应按下列顺序进行分配：

（1）支付优先股股利。优先股股利是指企业按照利润分配方案分配给优先股股东的现金股利，它是按照约定的股利率计算支付的。

（2）支付普通股现金股利。普通股现金股利是指企业按照利润分配方案分配给普通股股东的现金股利，一般按各股东持有股份的比例进行分配。如果是非股份制企业，则为分配给投资者的利润。

（3）转作资本（或股本）的普通股股利。这里是指企业按照利润分配方案以分派股票股利的形式转作的资本（或股本）。

**（三）年末未分配利润**

可供投资者分配的利润经过上述分配之后，剩余的为企业的未分配利润（或未弥补亏损），年末未分配利润可按下式计算：

当年末未分配利润＝可供投资者分配的利润－优先股股利－普通股股利

未分配利润是企业留待以后年度进行分配的利润或等待分配的利润，它是所有者权益的一个重要组成部分。相对于所有者权益的其他部分来说，企业对于未分配利润的使用有较大的自主权。

## 七、利润分配核算设置的相关账户

利润分配的核算内容比较复杂，政策性较强，这里仅介绍利润分配中的提取盈余公积和向投资者分配利润的核算内容。

**（一）利润分配**

利润分配是所有者权益类账户，用来核算企业一定时期内净利润的分配或亏损的弥补以及历年结存的未分配利润（或未弥补亏损）情况。其借方登记实际分配的利润额，包括提取的盈余公积和分配给投资者的利润以及年末从“本年利润”账户转入的全年累计亏损额，贷方登记用盈余公积弥补的亏损额等其他转入数以及年末从“本年利润”账户转入的全年实现的净利润额。年内期末余额如果在借方，表示已分配的利润额，年末余额如果在借方，表示未弥补的亏损额；期末余额如果在贷方，表示未分配利润额。

“利润分配”账户一般应设置以下几个主要的明细账户：“盈余公积补亏”“提取法定盈余公积”“提取任意盈余公积”“应付现金股利或利润”“转作资本（或股本）的股利”“未分配利润”等。年末，应将“利润分配”账户下的其他明细账户的余额转入“未分配利润”明细账户，经过结转后，除“未分配利润”明细账户有余额外，其他各个明细账户均无余额。

**注意！**

企业对实现的净利润进行利润分配，意味着企业实现的净利润这项所有者权益的减少，本应在“本年利润”账户的借方进行登记，表示直接冲减本年已实现的净利润额。但是如果这样处理，“本年利润”账户的期末贷方余额就只能表示实现的利润额减去已分配的利润额之后的差额，即未分配利润额，而不能提供本年累计实现的净利润额这项指标，但累计净利润指标又恰恰是企业管理上需要提供的一个非常重要的指标。因此，为了使“本年利润”账户能够真实地反映企业一定时期内实现的净利润数据，同时又能够通过其他账户提供企业未分配利润数据，在会计核算中，专门设置了“利润分配”账户，用以提供企业已分配的利润额数据。这样就可以根据需要，将“本年利润”账户的贷方余额（即累计净利润）与“利润分配”账户的借方余额（即累计已分配的利润额）相抵减，以求得未分配利润这项管理上所需要的指标。因而，对于“利润分配”账户，一定要结合“本年利润”账户加以深刻理解。

**（二）盈余公积**

盈余公积是所有者权益类账户，用来核算企业从税后利润中提取的盈余公积，包括法定盈余公积、任意盈余公积的增减变动及其结余情况。其贷方登记提取的盈余公积（即盈余公积的增加），借方登记实际使用的盈余公积（即盈余公积金的减少）；期末余额在贷方，表示结余的盈余公积。

**（三）应付股利**

应付股利是负债类账户，用来核算企业按照股东大会或类似权力机构决议分配给投资者股利（现金股利）或利润的增减变动及其结余情况。其贷方登记应付给投资者股利（现金股利）或利润的增加，借方登记实际支付给投资者的股利（现金股利）或利润（即应付股利）的减少；期末余额在贷方，表示尚未支付的股利（现金股利）或利润。这里需要注意的是，企业分配给投资者的股票股利不在本账户核算。

## 八、利润分配业务核算举例

例1. 2023年12月末，ABC公司经股东大会批准，按净利润50 850元的10%提取法定盈余公积金，按净利润的20%提取任意盈余公积。

借：利润分配——提取法定盈余公积　　5 085
　　利润分配——提取任意盈余公积　　10 170
　贷：盈余公积——法定盈余公积　　5 085
　　　盈余公积——任意盈余公积　　10 170

例2. 2023年12月末，ABC公司股东大会决议分配给股东现金股利6 000元。

借：利润分配——分配现金股利　　6 000
　贷：应付股利　　6 000

例3. 2023年12月末，ABC公司“利润分配”账户所属的各有关明细账户如下：

利润分配——提取法定盈余公积5 085元；利润分配——提取任意盈余公积10 170元；利润分配——应付现金股利6 000元；利润分配——未分配利润50 850元。结清“利润分配”账户所属的各有关明细账户。

借：利润分配——未分配利润　　　　21 255
　贷：利润分配——提取法定盈余公积　　5 085
　　　利润分配——提取任意盈余公积　　10 170
　　　利润分配——应付现金股利　　　　6 000

经过结转后，“利润分配”账户除“未分配利润”明细账户有余额外，其他各个明细账户均无余额。

## 本章学习思考

### 重点概念

筹资　采购成本　生产成本　制造费用　期间费用　营业利润　利润总额　净利润　未分配利润

### 练习题

#### 一、单项选择题

1. 企业购入材料发生的运杂费等采购费用，应计入（　　）。
   A. 管理费用　B. 材料采购成本　C. 生产成本　D. 制造费用
2. 下列各项中，不应当直接计入当期损益的是（　　）。
   A. 管理费用　B. 财务费用　C. 所得税费用　D. 制造费用
3. 下列各项中，应计入产品生产成本的是（　　）。
   A. 销售费用　B. 财务费用　C. 管理费用　D. 制造费用
4. “累计折旧”账户按经济内容分类，属于（　　）账户。
   A. 资产类　B. 损益类　C. 共同类　D. 负债类
5. “制造费用”账户按经济内容分类，属于（　　）账户。
   A. 资产类　B. 损益类　C. 共同类　D. 成本类

#### 二、多项选择题

1. 下列各账户中，期末结转后无余额的是（　　）。
   A. “主营业务收入”　B. “主营业务成本”　C. “累计折旧”
   D. “财务费用”　E. “营业外支出”

2. 下列各项中，属于期间费用的是（　　）。

A. 制造费用　　B. 销售费用　　C. 管理费用

D. 财务费用　　E. 折旧费用

3. 企业实现的净利润应进行下列分配（　　）。

A. 计算缴纳所得税　　B. 支付子弟学校经费　　C. 提取法定盈余公积

D. 提取任意盈余公积　　E. 向投资者分配利润

## 拓展思考

数字化转型对业务核算的影响：

1. 分析当前数字化转型趋势对制造业企业业务核算的影响，包括流程优化、数据准确性提升等方面。

2. 如何利用大数据、云计算等现代信息技术，提高业务核算的效率和准确性？

# 第四部分
# 会计核算是什么之实操篇

# 第六章　真实的记录和桥梁——会计凭证和账簿

## 学习目标

（1）理解原始凭证的内容、格式和分类；

（2）掌握记账凭证的内容、格式和分类；

（3）掌握记账凭证的编制；

（4）理解会计账簿的概念和作用；

（5）掌握会计账簿的内容、格式和分类。

## 故事导入

在一个名叫“繁荣小镇”的地方，有一家非常受欢迎的面包店——香香面包屋。这家面包屋的老板李大厨，不仅手艺高超——烤出的面包香气四溢，让人垂涎欲滴，还是个精打细算的好管家。今天，我们就通过香香面包屋的日常，来讲述一个关于会计凭证和账簿的有趣故事。

清晨，当第一缕阳光洒在繁荣小镇的街道上，香香面包屋已经忙碌起来。李大厨和他的助手郭小梅正忙着准备一天的材料。小梅拿着一张写满数字的纸条对李大厨说：“大厨，这是今天要买的小麦粉、酵母、黄油和水果的清单，还有预计的费用。”

郭小梅按纸条所列买回材料，把收据和那张纸条一起交给了李大厨。李大厨接过收据，笑着说：“这就是我们的第一张会计凭证！它记录了我们要做的经济活动的开始——购买原材料。这张纸条上写着日期、摘要（比如‘购买面包原料’）、金额等，是我们记账的基础。”

李大厨拿起笔，在账簿上认真记录起来：“2023年5月1日，购买面包原料，支出金额1 200元。”他一边写一边解释：“看，这就是我们的账簿，它像一本历史书，记录着面包屋的每一笔收入和支出。而那张纸条，现在变成了记账凭证，帮助我们准确无误地把每一笔交易都记录在账簿上。”

随着一天的经营，香香面包屋迎来了许多顾客，面包一个接一个地被卖出，现金也源源不断地流进收银台。郭小梅每卖出一个面包，都会在另一本小本子上记录下金额和数量。到了晚上，她把这些数据汇总后，交给了李大厨。

李大厨翻开账簿的“收入”部分，记录下今天的营业额：“5月1日，面包销售收入，3 000元。”接着，他又在“成本”部分加上了早上的原材料费用：“减去成本1 200元。”最后，他算了算利润：“哇，今天赚了1 800元呢！”

看着账簿上的数字，李大厨满意地点点头：“有了这些会计凭证和账簿，我们就能清楚地知道每一分钱的来龙去脉，知道哪些产品受欢迎，哪些成本可以优化。这就像是我们面包屋的导航系统，帮助我们作出更明智的经营决策。”

香香面包屋在李大厨和郭小梅的精心管理下，生意越来越红火。他们不仅用会计凭证和账簿记录了财务的点点滴滴，更用这些数字绘制出了面包屋的成长轨迹。

# 第一节　真实的记录——会计凭证

## 一、会计凭证的作用和种类

### （一）会计凭证的作用

会计凭证是记录经济业务，明确经济责任的书面证明，也是登记账簿的依据。任何单位在处理各种类型的经济业务时，经办业务的有关人员都必须按照规定的程序和要求认真填制会计凭证，详细记录经济业务发生和完成的日期以及经济业务的内容，并在凭证上签字和盖章，明确单位或个人对凭证真实性和正确性所负有的责任。

填制和审核会计凭证，是会计工作的开始，也是对经济业务进行日常监督的重要环节。所有的会计凭证都必须经过相关人员的严格审核，只有经过审核无误的会计凭证，才可以作为登记账簿的依据。

正确地填制、合法地取得和严格地审核会计凭证是会计循环的初始环节，也是会计核算的基本方法，对于完成会计工作具有十分重要的意义。

**（二）会计凭证的种类**

会计凭证按其填制程序和用途的不同，可以分为原始凭证和记账凭证两大类。

原始凭证是在经济业务发生或完成时取得和填制的、用以记录和证明经济业务的发生或完成情况，并作为记账原始依据的会计凭证。

记账凭证是会计人员根据审核无误的原始凭证或汇总原始凭证，按照经济业务的内容加以归类，并依据复式记账原理填制的、作为登记账簿直接依据的会计凭证。记账凭证要确定应借、应贷的会计科目和金额。经记账凭证处理过的经济业务已完成了会计核算的初次确认程序，从一般的经济信息转化为初始的会计信息。

## 二、原始凭证

原始凭证又称为单据，是在经济业务发生时取得或填制，载明经济业务具体内容和完成情况的书面证明。它是进行会计核算的原始资料和主要依据。

从商家、银行或者单位内部等取得的凭证可以称为原始凭证，比如，火车票，它是我们乘坐火车交通工具的经济业务发生或完成时的证明；发票，这是在产品销售购买过程之中，能证明该项购销行为发生的增值税专用发票，它也是一个证明；还有领料单，是车间到仓库去领材料的证明，这些都是典型的原始凭证。如图6–1所示。

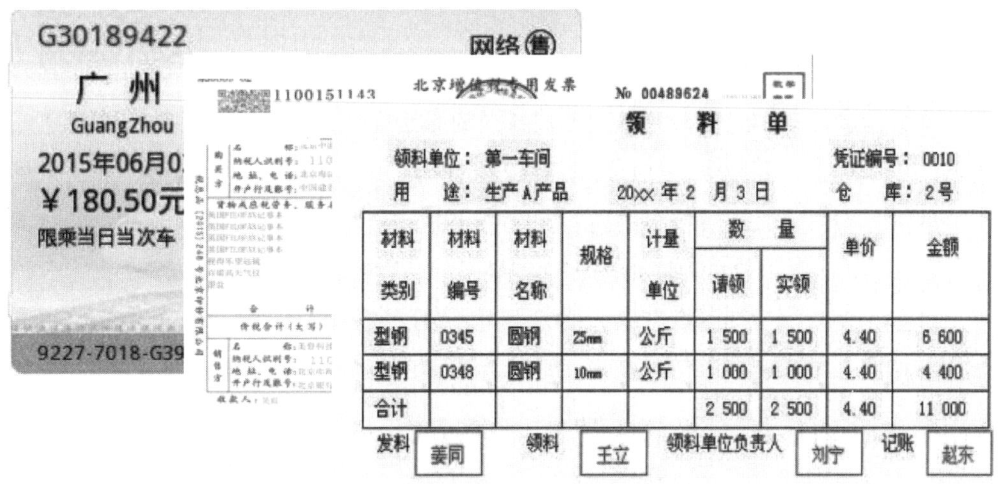


领　料　单

领料单位：第一车间　　　　凭证编号：0010

用　途：生产A产品　　20××年2月3日　　仓　库：2号

| 材料类别 | 材料编号 | 材料名称 | 规格 | 计量单位 | 数量 | | 单价 | 金额 |
|---|---|---|---|---|---|---|---|---|
| | | | | | 请领 | 实领 | | |
| 型钢 | 0345 | 圆钢 | 25mm | 公斤 | 1 500 | 1 500 | 4.40 | 6 600 |
| 型钢 | 0348 | 圆钢 | 10mm | 公斤 | 1 000 | 1 000 | 4.40 | 4 400 |
| 合计 | | | | | 2 500 | 2 500 | 4.40 | 11 000 |

发料 姜同　领料 王立　领料单位负责人 刘宁　记账 赵东

图6–1　原始凭证

**（一）原始凭证的分类**

原始凭证按来源与填制手续不同，分类如图6–2所示。

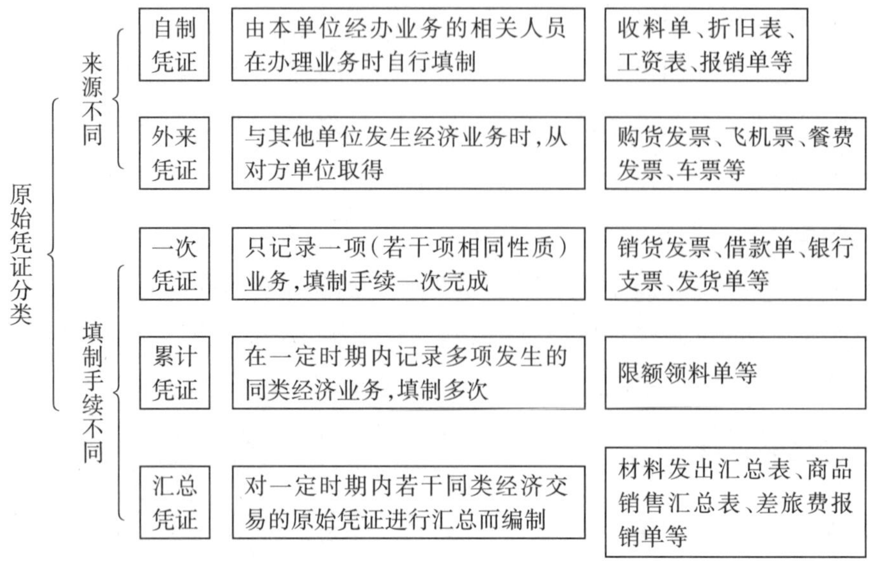


图6-2　原始凭证的分类

一般来说，从单位外部取得的称为外来原始凭证，它们大多数是一次凭证。而自制凭证根据内容和业务需要，可以是一次凭证（如销货发票、借款单、费用报销单），也可以是累计凭证（如发料表），或者是汇总原始凭证（如成本计算使用的发料汇总表、提取折旧汇总表）。原始凭证还可以按照凭证的格式进行分类，分为通用凭证和专用凭证，人们在日常生活中见到的商家的发票基本是通用凭证，火车票或者飞机票这些格式不相同的凭证为专用凭证。

**（二）原始凭证的基本内容**

在工作过程中，经常会接触到各式各样的原始凭证，大家可以手持一张发票或收据，实际对照，很容易了解原始凭证的基本内容。

虽然各类原始凭证所包含的内容存在一定的差异性，但为了满足经济业务核算的需要，它们有共同性的基本内容，这些必备的内容被称为凭证的要素。

对照一张发票，可以看到，凭证基本内容有：凭证的名称；凭证的编号；填制凭证的日期；接受凭证单位名称；经济业务内容；数量、单价和金额；经办人员的签名或盖章；填制单位盖章。如图6-3所示。

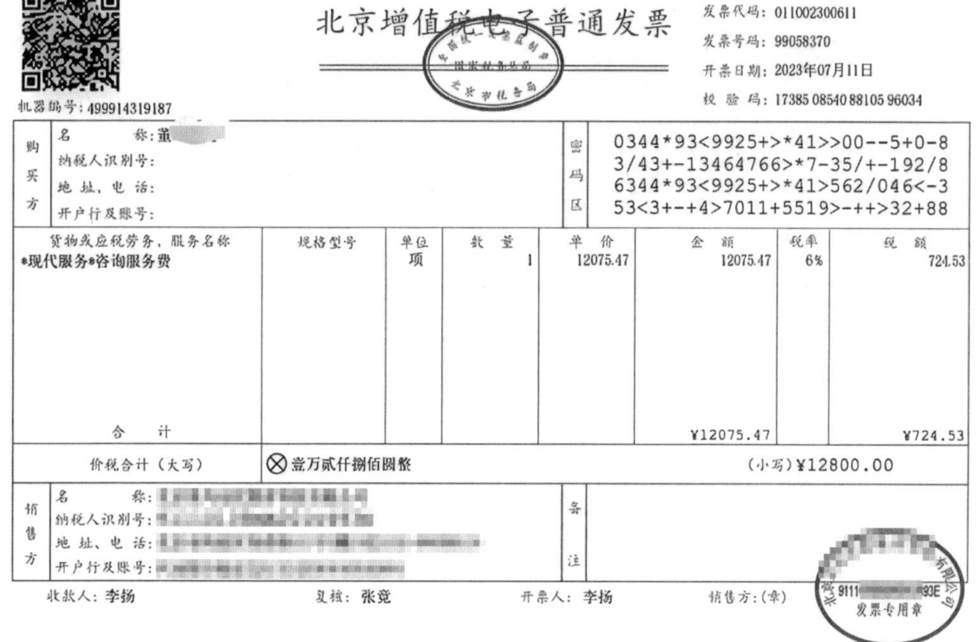

北京增值税电子普通发票

发票代码：011002300611
发票号码：99058370
开票日期：2023年07月11日
校验码：17385 08540 88105 96034

机器编号：499914319187

| 购买方 | 名称：董<br>纳税人识别号：<br>地址、电话：<br>开户行及账号： | 密码区 | 0344*93<9925+>*41>>00--5+0-8<br>3/43+-13464766>*7-35/+-192/8<br>6344*93<9925+>*41>562/046<-3<br>53<3+-+4>7011+5519>-++>32+88 |
|---|---|---|---|

| 货物或应税劳务、服务名称 | 规格型号 | 单位 | 数量 | 单价 | 金额 | 税率 | 税额 |
|---|---|---|---|---|---|---|---|
| *现代服务*咨询服务费 | | 项 | 1 | 12075.47 | 12075.47 | 6% | 724.53 |
| 合计 | | | | | ¥12075.47 | | ¥724.53 |
| 价税合计（大写） | ⊗壹万贰仟捌佰圆整 | | | | （小写）¥12800.00 | | |

| 销售方 | 名称：<br>纳税人识别号：<br>地址、电话：<br>开户行及账号： | 备注 | |
|---|---|---|---|

收款人：李扬　　复核：张竞　　开票人：李扬　　销售方：（章）

图6-3　原始凭证基本内容

**（三）原始凭证的填制要求**

2019年修订的《会计基础工作规范》对原始凭证的填制提出了以下基本要求：

（1）原始凭证的内容必须具备：凭证的名称；填制凭证的日期；填制凭证单位名称或者填制人姓名；经办人员的签名或者盖章；接受凭证单位名称；经济业务内容；数量、单价和金额。

（2）须有填制人员的签名或者盖章。自制原始凭证必须有经办单位领导人或者其指定的人员签名或者盖章。对外开出的原始凭证，必须加盖本单位公章。

（3）凡填有大写和小写金额的原始凭证，大写和小写金额必须相符。购买实物的原始凭证，必须有验收证明。支付款项的原始凭证，必须有收款单位和收款人的收款证明。

（4）书写清楚规范：书写字迹清晰工整，不得使用未经国务院公布的简化字；阿拉伯数字不得连笔写；表示单价情况外一律填写到角分；大写金额数字前要加填货币名称；大写金额数字写到元或角的“元”或“角”后写“整”或“正”；用正楷或行书体书写大写数字金额；阿拉伯金额数字中间有“0”时，大写金额要写“零”。

（5）一式几联的原始凭证，应当注明各联的用途，只能以一联作为报销凭证。一式几联的发票和收据，必须用双面复写纸（发票和收据本身具备复写纸功能的除外）套写，并连续编号。作废时应当加盖“作废”戳记，连同存根一起保存，不得撕毁。

（6）发生销货退回的，除填制退货发票外，还必须有退货验收证明；退款时，必须取得对方的收款收据或者汇款银行的凭证，不得以退货发票代替收据。

（7）职工公出借款凭据，必须附在记账凭证之后。收回借款时，应当另开收据或者退还借据副本，不得退还原借款收据。

（8）经上级有关部门批准的经济业务，应当将批准文件作为原始凭证附件。如果批准文件需要单独归档，应当在凭证上注明批准机关名称、日期和文件字号。

（9）原始凭证不得涂改、挖补。发现原始凭证有错误的，应当由开出单位重开或者更正，更正处应当加盖开出单位的公章。

会计机构、会计人员要根据审核无误的原始凭证填制记账凭证。

**（四）原始凭证的审核**

审核凭证填制凭证日期、业务内容、记载数据是否真实；是否签名盖章；业务是否违反相关法规；计算方面是否正确、阿拉伯数字填写是否规范、大小写金额是否相符、内容与数量是否对应；凭证的传递和审核程序是否履行；是否有巧立名目、虚报冒领、贪污腐败行为等。经审核符合要求的凭证，应及时办理会计手续，编制记账凭证。

## 三、记账凭证

记账凭证是根据原始凭证进行归类、整理编制的会计分录凭证。它是登记账簿的直接依据。

原始凭证种类繁多、格式不一，不便于在原始凭证上编制会计分录，据以记账，所以有必要将各种原始凭证反映的经济内容加以归类整理，确认为某一会计要素后，编制记账凭证。从原始凭证到记账凭证是经济信息转换成会计信息的过程，是会计的初始确认阶段。

**（一）记账凭证的种类**

记账凭证按其用途不同，可以分为专用记账凭证和通用记账凭证两类。

1. 专用记账凭证

专用记账凭证是指分类反映经济业务的记账凭证。这种记账凭证按其反映经济业务的内容不同，又可分为收款凭证、付款凭证和转账凭证。

收款凭证和付款凭证是用来反映货币资金收入、付出业务的凭证。货币资金的收入、付出业务就是直接引起库存现金或银行存款增减变动的业务，如用现金发放职工工资、以银行存款支付费用、收到销货款存入银行。格式如图6-4、图6-5所示。

**收　款　凭　证**　　　　字第　号

年　月　日　　　　借方科目：

| 摘要 | 贷方 | | 金额 | | | | | | | | | | | √ |
|---|---|---|---|---|---|---|---|---|---|---|---|---|---|---|
| | 总账科目 | 明细科目 | 亿 | 千 | 百 | 十 | 万 | 千 | 百 | 十 | 元 | 角 | 分 | |
| | | | | | | | | | | | | | | |
| | | | | | | | | | | | | | | |
| | | | | | | | | | | | | | | |
| | | | | | | | | | | | | | | |
| | | | | | | | | | | | | | | |
| | | | | | | | | | | | | | | |
| 合计 | | | | | | | | | | | | | | |

附单据　张

会计主管：　　记账：　　出纳：　　复核：　　制单：

图6-4　收款凭证

**付　款　凭　证**　　　　字第　号

年　月　日　　　　贷方科目：

| 摘要 | 借方 | | 金额 | | | | | | | | | | | √ |
|---|---|---|---|---|---|---|---|---|---|---|---|---|---|---|
| | 总账科目 | 明细科目 | 亿 | 千 | 百 | 十 | 万 | 千 | 百 | 十 | 元 | 角 | 分 | |
| | | | | | | | | | | | | | | |
| | | | | | | | | | | | | | | |
| | | | | | | | | | | | | | | |
| | | | | | | | | | | | | | | |
| | | | | | | | | | | | | | | |
| | | | | | | | | | | | | | | |
| 合计 | | | | | | | | | | | | | | |

附单据　张

会计主管：　　记账：　　出纳：　　复核：　　制单：

图6-5　付款凭证

转账凭证是用来反映非货币资金业务的凭证。非货币资金业务亦称转账业务，是指不涉及货币资金增减变动的业务，如向仓库领料、产成品交库、分配费用。格式如图6-6所示。

# 转　账　凭　证

年　月　日　　　　字第　号

| 摘　要 | 会计科目 | 明细科目 | √ | 借方金额 | | | | | | | | | | √ | 贷方金额 | | | | | | | | |
|---|---|---|---|---|---|---|---|---|---|---|---|---|---|---|---|---|---|---|---|---|---|---|---|
| | | | | 亿 | 千 | 佰 | 十 | 万 | 千 | 百 | 元 | 角 | 分 | | 亿 | 千 | 佰 | 十 | 万 | 千 | 百 | 元 | 角 | 分 |
| | | | | | | | | | | | | | | | | | | | | | | | |
| | | | | | | | | | | | | | | | | | | | | | | | |
| | | | | | | | | | | | | | | | | | | | | | | | |
| | | | | | | | | | | | | | | | | | | | | | | | |
| | | | | | | | | | | | | | | | | | | | | | | | |
| 合　计 | | | | | | | | | | | | | | | | | | | | | | | |

附单据　张

财务主管　记账　出纳　审核　制单

图6-6　转账凭证

2. 通用记账凭证

通用记账凭证是指用来反映所有经济业务的记账凭证。其一般格式与转账凭证相同，如图6-7所示。

# 记　账　凭　证

年　月　日　凭证号：

| 摘　要 | 科目 | | 借方金额 | | | | | | | | | | 贷方金额 | | | | | | | | | |
|---|---|---|---|---|---|---|---|---|---|---|---|---|---|---|---|---|---|---|---|---|---|---|
| | 总账科目 | 明细科目 | 千 | 百 | 十 | 万 | 千 | 百 | 十 | 元 | 角 | 分 | 千 | 百 | 十 | 万 | 千 | 百 | 十 | 元 | 角 | 分 |
| | | | | | | | | | | | | | | | | | | | | | | |
| | | | | | | | | | | | | | | | | | | | | | | |
| | | | | | | | | | | | | | | | | | | | | | | |
| | | | | | | | | | | | | | | | | | | | | | | |
| | | | | | | | | | | | | | | | | | | | | | | |
| | | | | | | | | | | | | | | | | | | | | | | |
| 合　计 | | | | | | | | | | | | | | | | | | | | | | |

附凭证　张

主管：　记账：　审核：　制单：

图6-7　通用记账凭证

**（二）记账凭证的基本内容**

记账凭证虽然种类很多，格式不统一，但其作用是一致的，都是在对原始凭证分类、整理的基础上，依据审核无误的原始凭证，按照复式记账的要求，运用会计科目编制的会计分录，据以登记账簿。记账凭证必须具备以下基本内容：

（1）填制凭证的日期。

（2）凭证编号。

（3）经济业务摘要。

（4）会计科目（包括一级、二级或明细科目）的名称和金额。

（5）所附原始凭证张数。

（6）制证、审核、记账、会计主管等有关人员的签名或者盖章。收款凭证和付款凭证还应当由出纳人员签名或者盖章。

**（三）记账凭证的填制要求**

在采用专用记账凭证时，收款凭证和付款凭证是根据有关库存现金、银行存款和其他货币资金收付业务的原始凭证填制的。涉及银行存款和其他货币资金的收付业务，一般应以经银行盖章的单据（如送款单、收款通知、支款通知）作为原始凭证。这样做是为了保证收付业务的可靠性，也便于同银行账核对。对于库存现金、银行存款和其他货币资金之间的收付业务（亦称“相互划转业务”），如从银行提取现金、把现金送存银行、开设外埠存款账户，为避免重复记账，一般只编制付款凭证，而不再编制收款凭证。出纳人员对于已经收讫的收款凭证和已经付款的付款凭证及其所附的各种原始凭证，都要加盖“收讫”和“付讫”的戳记，以免重收重付。

转账凭证除了根据有关转账业务的原始凭证填制外，还有根据账簿记录填制的，如根据有关资产账户提取减值准备，将收入、费用类账户的月末余额转入“本年利润”账户，将“本年利润”账户的年末余额转入“利润分配”账户，以及更正账簿错误。

根据账簿记录编制的记账凭证一般没有原始凭证，所以并非所有的记账凭证都附原始凭证。

各种记账凭证的填制，除严格按原始凭证的填制要求填制外，还应注意以下几点：

1. 摘要简明

记账凭证的摘要应用简明扼要的语言，概括出经济业务的主要内容。既要防止简而不明，又要避免过于烦琐。为了满足登记明细分类账的需要，对不同性质的账户，其摘要填写应有所区别。例如，反映原材料等实物资产的账户，摘要中应注明品种、数量、单价；反映库存现金、银行存款或借款的账户，摘要中应注明收付款凭证和结算凭证的号码，以及款项增减原因、收付款单位名称。

2. 科目运用准确

必须按会计制度统一规定的会计科目填写，不得任意简化或改动，不得只写科目编号，不写科目名称；同时，二级和明细科目也要填列齐全。应“借”、应“贷”的记账方向和账户对应关系必须清楚；编制复合会计分录，应是一“借”多“贷”或一“贷”多“借”，一般不编多“借”多“贷”的会计分录。

3. 连续编号

采用通用记账凭证，可按全部经济业务发生的先后顺序编号，每月从第1号编起；采用专用记账凭证，可按凭证类别分类编号，每月从收字第1号、付字第1号和转字第1号编起。若一笔经济业务需填制多张记账凭证，可采用“分数编号法”，即按该项经济业务的记账凭证数量编列分号。例如，某笔经济业务需编制3张转账凭证，在凭证的顺序号为58时，这3张凭证的编号应分别为转字第58-1/3号、第58-2/3号、第58-3/3号。每月月末应在最后那张记账凭证的编号旁边加注“全”字，以免凭证散失。

4. 附件齐全

记账凭证所附的原始凭证必须完整无缺，并在凭证上注明所附原始凭证的张数，以便核对摘要及所编会计分录是否正确无误。若两张或两张以上的记账凭证依据同一原始凭证编制，则应在未附原始凭证的记账凭证上注明“原始凭证×张，附于第×号凭证之后”，以便日后查阅。

**（四）记账凭证编制举例**

例1. 蓝天公司2015年6月13日收到工商银行进账通知单，收到B公司支付的上月购货款23 400元。会计人员李小伟根据有关原始凭证确定此项业务会计分录后填制记账凭证。此为当月银行收款第21笔业务（该公司采用通用记账凭证编制，原始凭证1张），会计分录如下：

借：银行存款　　　　　　23 400

　贷：应收账款　　　　　　23 400

填制记账凭证如图6-8所示。

# 记　账　凭　证

单位名称：蓝天公司

2015年　　6月　　13日　　第 21　号

| 摘　要 | 科　目 | | 借方金额 | | | | | | | | | | 贷方金额 | | | | | | | | | | |
|---|---|---|---|---|---|---|---|---|---|---|---|---|---|---|---|---|---|---|---|---|---|---|---|
| | 总账科目 | 明细科目 | 千 | 百 | 十 | 万 | 千 | 百 | 十 | 元 | 角 | 分 | 千 | 百 | 十 | 万 | 千 | 百 | 十 | 元 | 角 | 分 | |
| 收回上月B公司销售货款 | 银行存款 | 工商行 | | | | 2 | 3 | 4 | 0 | 0 | 0 | 0 | | | | | | | | | | | 附凭证1张 |
| | 应收账款 | B公司 | | | | | | | | | | | | | | 2 | 3 | 4 | 0 | 0 | 0 | 0 | |
| | | | | | | | | | | | | | | | | | | | | | | | |
| | | | | | | | | | | | | | | | | | | | | | | | |
| | | | | | | | | | | | | | | | | | | | | | | | |
| | | | | | | | | | | | | | | | | | | | | | | | |
| 合计 | | | | | ¥ | 2 | 3 | 4 | 0 | 0 | 0 | 0 | | | ¥ | 2 | 3 | 4 | 0 | 0 | 0 | 0 | |

主管：　　记账：　　审核：　　制单：李小伟

图6-8　填制记账凭证

### （五）记账凭证的审核要求

记账凭证是登记账簿的直接依据，为了保证账簿记录的正确性，以及会计信息的质量，记账前必须由专人对已编制的记账凭证进行认真、严格的审核。审核的内容主要有以下几方面：

首先，审核记账凭证是否附有原始凭证；记账凭证的内容与所附原始凭证的内容是否相符，金额是否一致。

其次，审核凭证中会计科目的使用是否正确，二级或明细科目是否齐全；账户对应关系是否清晰；金额计算是否准确无误。

最后，审核记账凭证中有关项目是否填列齐全，有关人员是否签名盖章。

在审核中若发现记账凭证填制有错误，应查明原因，予以重填或按规定方法及时更正。只有经审核无误的记账凭证，才能据以登账。

## 小课堂

### 你了解电子发票吗

电子发票是信息时代的产物，采用税务局统一发放的形式给商家使用，发票号码采用全国统一编码，采用统一防伪技术，在电子发票上附有电子税务局的签名机制。《国家税务总局关于进一步做好增值税电子普通发票推行工作的指导意见》（税总发〔2017〕31号）规定，增值税电子普通发票的“法律效力、基本用途、基本使用规定等与税务机关监制的增值税普通发票相同”。

### 怎么开具电子发票

纳税人可以通过金税盘或税控盘的单机版或服务器版来开具电子发票。具体而言，发票数量小的企业，可以采用单机版税控开票系统；用票量大的企业（如电商），可以采用服务器版的税控开票系统。

### 电子发票的好处

电子发票对开票企业而言有哪些好处？第一，不需要再印制纸质版的发票，这个很节约。第二，客户可以远程领取电子发票，企业不用再邮寄发票，这样就解决了货票分离模式给企业带来的发票开具邮寄的额外负担，而且降低了企业在发票开具上的成本。第三，红字发票开具更加简便易行，电子操作就可以。第四，能够避免消费者因为丢失了纸质发票而产生退货或者是售后维修的纠纷。第五，电子发票系统可以与企业内部的ERP（企业资源计划）、CRM（客户关系管理）、SCSI（小型计算机系统接口）等系统相结合，发票资料全面电子化管理，有助于提升企业账务处理的效率。第六，电子发票的保管查询和调阅更加方便，能够及时地满足企业经营管理决策的需要。

对于受票企业或消费者来说，电子发票又有哪些好处呢？第一，在交易的同时，就可以取得电子发票并进行查验，降低了收到假发票的风险。第二，方便保存、使用发票，随时可登录服务平台查询、下载已加盖电子签章的电子发票。第三，电子发票随用随打印，不用担心发票丢失影响维权或报销。第四，电子发票可报销、可入账，省去了传统纸质凭证入账的环节，提升受票方财务工作效率。

### 区块链电子发票

“区块链电子发票”是一个非常新鲜的词汇。在基础会计课程之中我们讲了会计凭证，在会计凭证里边我们讲原始凭证，大家也知道原始凭证审核无误后的下一步是编制记账凭证，然后登账出报表。原始凭证就是经济业务发生的证明，那么，区块链电子发票原始凭证有什么不同？

2018年8月10日，深圳国贸旋转餐厅开出了全国首张区块链电子发票，宣告纳税服务正式开启区块链时代。这一张电子发票可了不起，这是一堆交易数据的体现。具体而言，这张发票支付完成之后，税务局、企业、商户三方同时收到交易以及发票信息。整个过程三方实时监控，没有假发票存在的可能。区块链发票接入了税务系统，同时也接入了财务软件系统。

区块链电子发票的优点是确保发票是唯一的，从发票的开具到流转、入账、报销，全方位全环节流转状态完全可以追溯，发票的数据不可篡改，税务局、开票方、报销方多方参与共同记账。由此可见，区块链电子发票不仅仅是优化了整个开票报销环节。区块链电子发票是多方联动起来，使得经济业务时时受到多方的监控，并且使开票业务的确认、报销、纳税等全部环节是一个同步进行并可追溯的状态。区块链电子发票是电子发票的一个未来发展方向。

## 第二节　连接会计凭证和财务报表的桥梁——会计账簿

### 一、会计账簿的概念及作用

#### （一）会计账簿的概念

账簿是指以会计凭证为依据，序时、连续、系统、全面地记录和反映企业、机关和事业等单位经济活动全部过程的簿籍。这种簿籍是由若干具有专门格式，又相互联结的账页组成的。账页一旦标明会计科目，这个账页就成为用来记录该科目所核算内容的账户。也就是说，账页是账户的载体，账簿则是若干账页的集合。

根据会计凭证在有关账户中进行登记，就是指把会计凭证所反映的经济业务内容记入设立在账簿中的账户，即通常所说的登记账簿，也称记账。

#### （二）会计账簿的作用

设置账簿是会计工作的一个重要环节，登记账簿则是会计核算的一种专门方法。科学地设置账簿和正确地登记账簿对于全面完成会计核算工作具有重要意义。

1. 会计账簿是对凭证资料的系统总结

在会计核算中，通过会计凭证的填制和审核，可以反映和监督每项经济业务的完成情况。然而一张会计凭证只能反映一项或几项经济业务，所提供的信息是零星的、碎片化的、不连续的，不能把某一时期的全部经济活动完整地反映出来。账簿既能够提供总括的核算资料，又能够提供详细的资料；既能够提供分类核算资料，又能够提供序时核算资料，进而反映经济活动的轨迹，这对于企业、单位加强经济核算、提高管理水平、探索资金运动的规律具有重要的作用。

2. 会计账簿是考核企业经营情况的重要依据

通过登记账簿，可以发现整个经济活动的运行情况，完整地反映企业的经营成果和财务状况，评价企业的总体经营情况；同时，可以监督和促进各企业、单位遵纪守法、依法经营。

3. 会计账簿是会计报表资料的主要来源

企业定期编制的资产负债表、利润表、现金流量表等会计报表的各项数据均来源于账簿的记录。企业在编制财务报表及其附注时，对于生产经营状况、利润实现和分配情况、税金缴纳情况、各种财产物资变动情况说明，也主要以账簿记录的数据为依据。从这个意义上说，账簿的设置和登记是否准确、真实、齐全，直接影响到财务报告的质量。

## 二、会计账簿的种类

账簿的种类繁多，不同的账簿，其用途、形式、内容和登记方法都各不相同。为了更好地了解和使用各种账簿，有必要对账簿进行分类。在实际工作中，使用最多的有以下两种分类方法：

### （一）按照账簿的用途分类

1. 序时账簿

序时账簿也称日记账，是按照经济业务完成时间的先后顺序进行逐日逐笔登记的账簿。在古代会计中也把它称为“流水账”。日记账又可分为普通日记账和特种日记账。普通日记账是将企业每天发生的所有经济业务，不论其性质如何，按其先后顺序，编成会计分录记入账簿。特种日记账是按经济业务性质单独设置的账簿，它只把特定项目按经济业务顺序记入账簿，反映其详细情况，如库存现金日记账和银行存款日记账。特种日记账的设置，应根据业务特点和管理需要而定，特别是那些发生频繁、需严加控制的项目，应予以设置。

2. 分类账簿

分类账簿是对全部经济业务按总分类账和明细分类账进行分类登记的账簿。总分类账簿（简称“总账”）是根据总账科目开设账户，用来分类登记全部经济业务，提供总括核算资料的账簿。明细分类账簿（简称“明细账”）是根据总账科目所属明细科目开设账户，用以分类登记某一类经济业务，提供明细核算资料的账簿。比如企业设置原材料的总账，在原材料的总账里边将显示所有材料合在一起的购入、发出、结存的情况，还可以设置原材料的明细账，分别来登记每一种材料的购入、发出、结存的情况。如果想看总括核算的数据，看总账就可以，想看明细核算的数据，就去查明细账。

3. 备查账簿

备查账簿又称辅助账簿，是对某些在日记账和分类账等主要账簿中未能记载的会计事项或记载不全的经济业务进行补充登记的账簿。所以备查账簿也叫补充登记簿。它可以对某些经济业务的内容提供必要的参考资料。备查账簿的设置应视实际需要而定，并非一定要设置，而且没有固定格式。

### （二）按照账簿的形式分类

1. 订本式账簿

订本式账簿（简称“订本账”），是把具有一定格式的账页加以编号并订成固定本册的账簿。它可以避免账页的散失或被抽换，但不能根据需要增减账页。一本订本账同一时间只能由一人记账，不便于会计人员分工协作记账，也不便于计算机打印记账，但特种日记账（如库存现金日记账、银行存款日记账）以及总分类账必须采用订本账。

2. 活页式账簿

活页式账簿（简称“活页账”），是把零散的账页装在账夹内，可以随时增添账页的账簿。它可以根据需要灵活添页或排列，但账页容易散乱丢失。活页账由于账页并不事先固定装订在一起，同一时间可以由若干会计人员分工记账，也便于计算机打印记账。一般明细账都采用活页账。活页式账簿的优点是显而易见的：账页比较零散，大家可以分工协作，共同来登账，还可以随时增加和减少账页，期末再装订成册就可以了。但是它的优点在反方向来看，也可能就是缺点——活页式账簿不够安全，因为账页容易被抽取调换，还可能丢失。

3. 卡片式账簿

卡片式账簿（简称“卡片账”），是将硬卡片作为账页，存放在卡片箱内保管的账簿。它实际上是一种活页账，为了防止因经常抽取造成破损而采用硬卡片形式，可以跨年度使用。如固定资产明细账常采用这一形式。

## 三、登记账簿的要求

### （一）根据审核无误的会计凭证登记

账簿必须根据审核无误的会计凭证连续、系统地登记，并将会计凭证的序号记入账簿，不能错记、漏记和重记。在记账时必须使用会计科目、子目、细目的全称，不得简化。

### （二）登记纸质账簿应使用钢笔或签字笔（蓝黑或黑墨水）

登记账簿时必须使用钢笔或签字笔，用蓝黑或黑墨水登记，不能使用圆珠笔和铅笔，红墨水只能在结账划线、改错和冲账时使用，以防篡改。

### （三）账簿连续登记，不得空行空页

各种账簿必须按照事先编定的页码连续登记，不能隔页、跳行，如果不慎发生

类似的情况，应在空页或空行处用红墨水划对角的叉线，并注明此页或此行空白，而且要加盖印鉴，不得任意撕毁或抽换账页。

## 小知识

### 实现会计电算化还需登记账簿吗

会计电算化，是指用计算机代替手工记账、算账、报账以及部分替代人脑完成对会计信息的分析、预测、决策的过程。在这一过程中，计算机承担了原本由人工完成的大量数据处理工作，从而提高了会计工作的效率和准确性。

如果没有会计软件，则需要根据原始凭证填制会计凭证，然后登记账簿，编制报表。但如果使用会计电算化软件，只要根据原始凭证，做好会计分录，直接录入财务软件系统中，系统就可以自动生成会计凭证、各种账簿，自动完成对账，并生成报表信息。因此，财务软件系统无需使用大量纸质账簿和表格，软件处理实现了数据账的核对以及财务报表的编制等。

在目前方兴未艾的财务共享建设中，会计处理的自动化程度进一步提高，例如，通过财务机器人扫描范式的原始凭证，由计算机自动提取信息生成会计分录；可以通过和云平台的对接，将发生业务的电子信息自动推送会计系统，自动编制会计分录。这些信息化和自动化，使得会计人员核算的工作量进一步减轻，促使会计人员不断转型，更多地参与业务活动，成为业务部门的好帮手，在企业经营中发挥更大的作用，并不断强化会计的管理功能。

从法规和实务的角度来看，目前并没有明确规定电算化会计下必须保留手工账。但是，为了确保会计信息的真实性和完整性，企业应当建立完善的电算化会计内部控制制度和数据安全措施。

## 四、对账

对账就是核对账簿，主要从3个方面进行。第一是账证核对，登账的时候根据的是会计凭证，会计凭证又分成原始凭证和记账凭证，在核对账簿的时候，首先要将账簿和凭证二者进行核对。第二是账账核对，账簿和账簿之间也有对应关系，也有勾稽关系。比如总账和明细账，总账是对账户的一个总括反映，而明细账是详细地来对每一个账户的明细账户的数据进行反映，总账和明细账二者之间就应该有对应关系。另外总账和日记账之间也有对应关系，日记账是逐日逐笔来登记，而总账是一个总括登记。第三是账实核对，账上记录的是用会计的方法体现出来的经济业务信息，它要和实际中的财产、物资、债权、债务对应，进行账实核对。

### 五、结账

结账，就是把一定时期内所发生的经济业务，在全部登记入账的基础上，结算出每个账户的本期发生额和期末余额，并将期末余额转入下期或下年新账（期末余额结转到下期即下期期初余额）。

每登满一页账页，应该在该页的最后一行加计本页的发生额及余额，在摘要栏中注明“过次页”，并在下一页的首行记入上页的发生额和余额，在摘要栏内注明“承前页”。

会计账簿的数据来源于会计凭证，是编制会计报表的直接依据，可见，账簿是连接会计凭证和财务报表的桥梁，是财务信息的基石。

## 本章学习思考

### 重点概念

会计凭证　原始凭证　收款凭证　付款凭证　转账凭证　会计账簿　对账　结账

### 练习题

#### 一、单项选择题

1. 会计凭证分为原始凭证和记账凭证，其分类标准是（　　）。

   A. 按照填制方法　　B. 按照所反映的经济内容

   C. 按照填制程序和用途　　D. 按照取得来源

2. 领料单属于（　　）。

   A. 外来原始凭证　　B. 自制原始凭证

   C. 一次原始凭证　　D. 汇总原始凭证

3. 将库存现金存入银行这项业务，按规定应填制（　　）。

   A. 库存现金收款凭证　　B. 库存现金付款凭证

   C. 转账凭证　　D. 银行存款收款凭证

4. 能够提供企业某一类经济业务增减变动总括会计信息的账是（　　）。

A. 明细分类账　　B. 总分类账

C. 日记账　　D. 备查账簿

5. 一般情况下，不需要根据记账凭证登记的账簿是（　　）。

A. 总分类账　　B. 明细分类账

C. 日记账　　D. 备查账簿

## 二、多项选择题

1. 会计凭证按填制程序和用途的不同，可以分为（　　）。

A. 原始凭证　　B. 记账凭证　　C. 外来原始凭证

D. 自制原始凭证　　E. 累计原始凭证

2. 记账凭证必须具备的基本内容包括（　　）。

A. 填制凭证的日期　　B. 会计科目的名称和金额

C. 凭证编号及经济业务摘要　　D. 所附原始凭证张数

E. 接受凭证单位的名称

3. 企业会计实务中，必须采用订本式账簿的有（　　）。

A. 固定资产总分类账　　B. 库存现金日记账　　C. 固定资产明细分类账

D. 原材料总分类账　　E. 银行存款日记账

## 拓展思考

1. 分析电子会计凭证与传统纸质会计凭证在安全性、可追溯性、存储成本等方面的差异。

2. 分析现代账簿体系在数据集成、自动化处理、智能分析等方面的优势，以及它如何帮助企业更好地进行财务决策和风险管理。

# 第七章　会计呈现的成果——财务报告

## 学习目标

（1）理解财务报告及内容构成；

（2）掌握财务报表的内容和分类；

（3）掌握资产负债表的格式及编制方法；

（4）掌握利润表的格式及编制方法；

（5）掌握现金流量表的格式及编制方法；

（6）掌握资产负债表、利润表、现金流量表的关系。

## 故事导入

林阿姨的甜蜜工坊每天都弥漫着各式各样的糖果香。从五彩斑斓的棒棒糖到晶莹剔透的水果硬糖，每一种都承载着林阿姨对甜蜜生活的热爱与追求。随着季节的变换，糖果的种类和销量也在悄然变化，而林阿姨总是能准确地把握这一切，这都得益于她手中的“秘密武器”——会计报表。

一、稳固基石——资产负债表

林阿姨坐在她的办公桌前，面前摊开了一张资产负债表。她笑着对刚来的小助手马小悦说：“资产负债表就像是甜蜜工坊的基石，让我们知道家底有多厚。左边是‘资产’，就像是我们店里的糖果、货架，还有银行里的存款，都是我们能摸得着、看得见的财富。右边则是‘负债’和‘所有者权益’，比如我们向银行贷款买的那台新包装机，就是负债；而我们自己投入的钱和这些年赚的钱，加起来就是所有者权益。有了这张表，我就能清楚地知道，我们的资产够不够多，负债重不重，能不能继续扩大生产。这样，我就能随之调整，给顾客们带来更多美味的糖果。”

二、甜蜜旅程——利润表

接着，林阿姨又翻开了一张利润表，对小悦说道："看，这就是我们的甜蜜旅程的地图——利润表。它告诉我们，从年初到现在，我们赚了多少钱，花了多少钱，最后还剩下多少钱。"林阿姨指着利润表上的数字一一解释："比如，这个月我们卖了很多草莓味的糖果，销售收入增加了不少，这部分就是'营业收入'。但我们也要买原料、付房租、发工资，这些都是'营业成本'和'期间费用'。最后，营业收入减去这些开销，剩下的就是'净利润'了。看，这就是我们的纯利润，可以用来买更多的原料、装饰店铺，或者给小朋友们准备小礼物呢！"

三、生命之河——现金流量表

最后，林阿姨拿出了现金流量表。她深情地说："这张表就像是甜蜜工坊的生命之河，它告诉我们钱是怎么流进流出的。比如，这个月我们收到了多少现金，支付了哪些费用，还剩下多少在手头。这对我们来说非常重要，因为即使利润表上显示我们赚了钱，但如果现金流断了，就像小河干涸了一样，我们的工坊也会陷入困境。"

听完林阿姨的讲解，小悦恍然大悟，原来这些看似枯燥的会计报表，背后藏着如此生动有趣的故事。她兴奋地表示："以后我也要学会看这些表，帮助林阿姨更好地管理甜蜜工坊！"从此，小悦和林阿姨一起，用会计报表这把钥匙，打开了通往甜蜜事业成功的大门。

## 第一节　财务报告概述

### 一、财务报告的概念

财务报告，是指企业对外提供的反映企业某一特定日期财务状况和某一会计期间经营成果、现金流量等会计信息的文件。

编制财务报告是对已记录的经济业务信息进行加工整理，披露企业财务状况和经营成果的过程，是企业进行财务管理和决策的重要依据，也是企业向外界展示自身财务状况和经营成果的重要途径。

**注意！**

财务报告是向财务报告使用者提供真实、公允的信息，用于落实和考核企业领导人经济责任的履行情况，并有助于包括所有者在内的财务报告使用者的经济决策。我国《企业财务会计报告条例》规定：企业不得编制和对外提供虚假的或隐瞒重要事实的财务报告；企业负责人对本企业财务报告的真实性、完整性负责。

## 二、财务报告的构成

《企业会计准则——基本准则》第四十四条规定："财务会计报告包括会计报表及其附注和其他应当在财务会计报告中披露的相关信息和资料。"企业对外提供的财务报告的内容、会计报表种类和格式、会计报表附注的主要内容等，由会计准则规定；企业内部管理需要的会计报表由企业自行规定。财务报告构成内容简称"四表一注"，如图7-1所示。

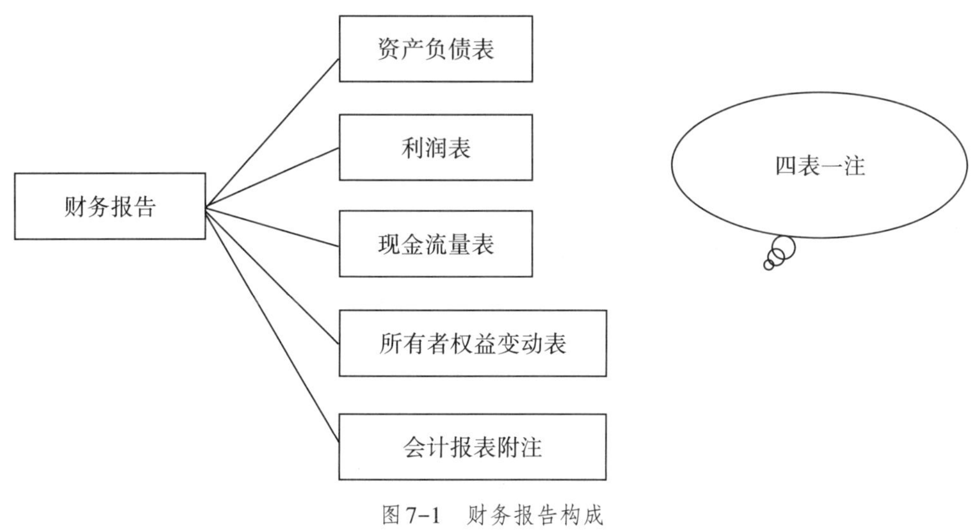


图7-1　财务报告构成

**小知识**

**四表一注的联系**

资产负债表记录企业的财务状况，也就是企业的全景照片，揭示了企业的家底。利润表是企业的颜值担当，反映了企业某一时期的经营成果。有了利润，可以直接地以"自我集资"的方式用于企业发展，也可以用利润表的"面子"间接地吸引投资者为企业投入新的外部资金。有了健康的家底、高额的利润就一定能过上好日子吗？不一定。俗话说："日子过得好不好，只有口袋和钱才知道。"纸上富贵（利润表里的净利润）如浮云，没有真金白银，拿什么支付员工的工资、供应商的货款和银行的借款？如何向税务机关交税、给股东分红、扩大企业的再生产？"现金为王"，对企业而言，现金流就好比人体维持生命的血液，是企业生存和发展的命脉，现金流量表就是检验和分析企业"血液"（现金）流动和"血液"质量的报表。另外，企业的所有者要想知道他们的权益为什么发生了变化、是哪些因素导致的，那还得要所有者权益变动表。那会计报表附注呢？也一样重要。上市公司的财务报表有上百页，大部分内容都是会计报表附注，没有附注，财务报表使用者如何清楚透彻、全面地了解企业的财务状况、经营成果呢？

所以说，这四表一注，都是财务报表体系中不可或缺的一员，它们之间有着千丝万缕的联系，各自发挥不同的作用。

### 三、财务报表的基本内容

表头、表身和表外说明构成了财务报表的基本内容。其中，表头内容有报表名称、编制单位、编制时间、报表编号、计量单位等。表身内容是最重要的部分，是由一系列相互联系的经济指标组成。表外说明是对表身未反映的事项进行补充或对表身未能详细反映的内容作必要的解释。以资产负债表为例，基本内容如表 7-1 所示。

**表7-1　财务报表的基本内容**

资产负债表(简易)

会企01表　　表头内容

编制单位:益生有限公司　　2023年12月31日　　单位:元

| 资　产 | 年初余额 | 期末余额 | 负债和所有者权益(或股东权益) | 年初余额 | 期末余额 |
|---|---|---|---|---|---|
| 流动资产: | | | 流动负债: | | |
| 货币资金 | | 40 000.00 | 短期借款 | | 20 000.00 |
| 应收票据 | | 100 000.00 | 长期负债: | | |
| 流动资产合计 | | 140 000.00 | 长期借款 | | 100 000.00 |
| 非流动资产: | | | 负债合计 | | 120 000.00 |
| 长期股权投资 | | | 实收资本(股本) | | 200 000.00 |
| 固定资产 | | 180 000.00 | 资本公积 | | |
| 无形资产 | | 20 000.00 | 盈余公积 | | |
| 商誉 | | | 未分配利润 | | 20 000.00 |
| 非流动资产合计 | | 200 000.00 | 所有者权益合计 | | 220 000.00 |
| 资产总计 | | 340 000.00 | 负债和所有者权益(或股东权益)总计 | | 340 000.00 |

表身内容

说明:(1)固定资产——厂房，建设银行申请抵押贷款100 000.00元;

(2)有一笔应收票据申请了贴现60 000.00元。

表外说明

在我国《企业财务会计报告条例》中规定：按照财务报表编报期间的不同，企业的财务报告分为年度、半年度、季度和月度财务报告。月度、季度财务报告是指月度和季度终了提供的财务报告；半年度财务报告是指在每个会计年度的前6个月结束后对外提供的财务报告；年度财务报告是指年度终了对外提供的财务报告。其中将半年度、季度和月度财务报告统称为中期财务报告。

在通常情况下，企业年度财务报告的会计期间是指公历每年的1月1日至12月31日；半年度财务报告的会计期间是指公历每年的1月1日至6月30日，或7月1日至12月31日；季度财务报告的会计期间是指公历每一季度；月度财务报告的会计期间则是指公历每月1日至最后一日。

# 第二节　企业的家底——资产负债表

## 一、资产负债表的概念及作用

企业的经济活动周而复始地从现金开始，转了一圈又回到现金的循环过程中，企业的经营、投资、融资3项经济活动，也随着这个循环在周而复始地循环往复。赚钱是企业的根本目的，只有在经济活动中不断赚钱，企业才能发展壮大，除了赚钱以外，经营企业还有一个最基本的要求，就是保证股东投入的本金不会遭到任何损失。本金现在都成了什么？是不是还保持着原来的价值？这就需要有一张能描述这些问题的财务报表，这张财务报表就是资产负债表。

资产负债表是反映企业在某一特定日期财务状况的报表，主要提供有关企业财务状况方面的信息，属于静态报表。

资产负债表分为左右两部分。左边反映的是投入公司的资金都变成了什么，有哪些是货币资金，有哪些变成了应收款，哪些变成了原材料、产成品、在产品，哪些变成了厂房设备、汽车电脑，哪些变成了土地使用权、专利专有技术，等等。右边表明资金是从哪儿来的，哪些是股东投入的，哪些是从银行借的，哪些是欠供应商的，哪些是欠客户的，哪些是欠员工的，哪些是欠税务局的，等等。很显然，投进来的资金和用掉的资金必须相等，意味着资产负债表左边的资产与右边的负债和所有者权益之和相等。这是资产负债表最基础的逻辑关系，叫会计恒等式。

通过资产负债表，可以提供企业在某一特定日期的资产总额及其结构，表明企业拥有或控制的资源及其分布情况；可以提供企业在某一特定日期的负债总额及其结构，表明企业未来需要用多少资产或劳务清偿债务以及清偿时间；可以反映企业所有者在某一特定日期所拥有的权益，据以判断资本保值、增值的情况以及对负债的保障程度。

## 二、资产负债表的格式

我国资产负债表采用账户式。因其外表形式像“T”形账户而得名。左边为资产，右边为负债和所有者权益，在表格的底部，左边的资产总计等于右边的负债和所有者权益总计，将会计的恒等式直观地在表格中呈现。如表7-2所示。

**表7-2　账户式资产负债表格式**

资产负债表　　　　　　　　　　　　　　会企01表

编制单位：　　　　　　　　　　年　　月　　日　　　　　　　　　　单位：元

| 资　产 | 年初余额 | 期末余额 | 负债和所有者权益（或股东权益） | 年初余额 | 期末余额 |
|---|---|---|---|---|---|
| 流动资产： | | | 流动负债： | | |
| 货币资金 | | | 短期借款 | | |
| 交易性金融资产 | | | （略） | | |
| 应收票据 | | | 非流动负债： | | |
| 应收账款 | | | 长期借款 | | |
| 存货 | | | （略） | | |
| （略） | | | 负债合计 | | |
| 非流动资产： | | | 所有者权益： | | |
| 长期股权投资 | | | 实收资本（股本） | | |
| 固定资产 | | | （略） | | |
| （略） | | | 所有者权益合计 | | |
| 资产总计 | | | 负债和所有者权益总计 | | |

## 三、资产负债表的编制

企业会计准则规定：会计报表至少应当反映相关两个期间的比较数据。也就是说，企业需要提供比较资产负债表，所以资产负债表各项目需要分为“年初数”和“期末数”两栏分别填列。

### （一）年初数的编制

表中“年初数”栏内各项目数字，应根据上年年末资产负债表“期末数”栏内所列数字填列。如果本年度资产负债表规定的各个项目的名称和内容同上年度不相一致，应对上年年末资产负债表各项目的名称和数字按照本年度的规定进行调整，按调整后的数字填入本表“年初数”栏内。

### （二）期末数的编制

“期末数”是指某一会计期末的数字，即月末、季末、半年末或年末的数字。资产负债表各项目“期末数”栏内的数字，应根据账簿记录填列。其中，大多数项目可以直接根据账户的期末余额填列，少数项目则要根据账户的期末余额分析填列。具体填列方法有以下几种：

1. 根据总账账户期末余额直接填列

一般来说，如果报表项目的名称和账户名称一致，如“应收票据”“短期借款”“应付职工薪酬”“实收资本”“应交税费”这些项目，可以根据有关总账账户期末余额直接填列。

2. 根据若干总账账户期末余额计算填列

（1）根据若干总账账户期末余额加计填列。这一类项目比较有代表性的是“货币资金”和“存货”。

其一是“货币资金”项目。这一项目要选取“库存现金”“银行存款”和“其他货币资金”总账余额加总来进行填制。例如，“库存现金”账户的期末余额20 000元，“银行存款”账户的期末余额300 000元，则资产负债表“货币资金”项目对应填列：320 000元（20 000元＋300 000元）。

其二是“存货”项目。这也是一个总称，其具体构成有“在途物资”、“原材料”、“库存商品”、“生产成本”（借方余额表示在产品成本）等，将这些账户的期末余额加到一起，就构成了资产负债表中的存货项目。例如，“在途物资”账户的期末余额为10 000元，“原材料”账户的期末余额为70 000元，“库存商品”账户的期末余额为150 000元，“生产成本”账户的期末余额为30 000元，则资产负债表“存货”项目对应填列：260 000元（10 000元＋70 000元＋150 000元＋30 000元）。

（2）根据净值填列。凡是计提资产减值准备的资产项目，都按净值填列。如：“长期股权投资”项目，应按照“长期股权投资”账户的期末余额，减去“长期股权投资减值准备”账户的期末余额后的金额填列；“固定资产”项目，应按照“固定资产”账户的期末余额，减去“累计折旧”和“固定资产减值准备”账户的期末余额后的金额填列；“无形资产”项目，应按照“无形资产”账户的期末余额，减去“累计摊销”和“无形资产减值准备”账户的期末余额后的金额填列。

例如，“固定资产”账户的期末借方余额为100 000元，“累计折旧”账户的期末贷方余额为70 000元，“固定资产减值准备”账户的期末贷方余额为10 000元，则资产负债表“固定资产”项目对应填列：20 000元（100 000元－70 000元－10 000元）。

此外，由于企业在会计年度内一般采用“表结账不结”的结账方法，在会计年度内各月末资产负债表中的“未分配利润”项目，应根据“本年利润”和“利润分配”账户的贷方余额计算填列。如果这两个账户合并后出现借方余额，则作为亏损，以负数填列。

3. 根据总账所属明细账的期末余额分析填列

资产负债表中的某些项目不能根据总账的期末余额直接填列，也不能根据若干个总账的期末余额计算填列，需要根据总账所属明细账的期末余额分析填列，具体常见的项目有“应收账款”“预付款项”“应付账款”和“预收款项”。

（1）“应收账款”项目填列数＝“应收账款”“预收账款”账户所属明细账的期末借方余额合计数－“坏账准备”账户中有关应收账款计提的坏账准备期末余额。即如果“应收账款”总账所属明细账户出现贷方余额，应在“预收款项”项目中填列；如果“预收账款”总账所属明细账出现借方余额，应在“应收账款”项目中填列。例如，“应收账款”账户明细账中有一个明细账（A公司）的期末借方余额为170 000元，“预收账款”账户明细账中有一个明细账（B公司）的期末借方余额为10 000元，“坏账准备”账户中有关应收账款计提的坏账准备的期末贷方余额为20 000元，则资产负债表“应收账款”项目对应填列：160 000元（170 000元＋10 000元－20 000元）。

（2）“预付款项”项目填列数＝“预付账款”“应付账款”账户所属明细账的期末借方余额合计数。即如果“应付账款”总账所属明细账户出现借方余额，也在本项目内合并反映。例如，“预付账款”账户明细账中有一个明细账（D公司）的期末借方余额为10 000元，“应付账款”账户明细账中有一个明细账（E公司）的期末借方余额为60 000元，则资产负债表“预付款项”项目对应填列：70 000元（10 000元＋60 000元）。

（3）“应付账款”项目填列数＝“应付账款”“预付账款”账户所属明细账的期末贷方余额合计数。即如果“应付账款”总账所属明细账户出现借方余额，应在“预付款项”项目中填列；如果“预付账款”总账所属明细账出现贷方余额，应在“应付账款”项目中填列。例如，“应付账款”账户明细账中有一个明细账（F公司）的期末贷方余额为150 000元，“预付账款”账户明细账中有一个明细账（G公司）的期末贷方余额为30 000元，则资产负债表“应付账款”项目对应填列：180 000元（150 000元＋30 000元）。

（4）“预收款项”项目填列数＝“预收账款”“应收账款”账户所属明细账的期末贷方余额合计数。即如果“应收账款”总账所属明细账户出现贷方余额，也在本项目内合并反映。例如，“预收账款”账户明细账中有一个明细账（H公司）的期末贷方余额为10 000元，“应收账款”账户明细账中有一个明细账（I公司）的期末贷方余额为20 000元，则资产负债表“预收款项”项目对应填列：30 000元

（10 000元+20 000元）。

4. 根据总账账户和其所属明细账户期末余额分析填列

资产负债表中的某些项目不能根据有关总账的期末余额直接填列或计算填列，也不能根据总账所属明细账的期末余额分析填列，需要根据总账和其所属明细账的期末余额分析填列。这里典型的代表是“长期借款”项目。例如，“长期借款”的总账余额上显示企业拥有长期借款期末余额是450 000元，再看其明细账，其中，向中国银行借的一笔长期借款是150 000元，向农业银行借的一笔长期借款是300 000元。这还远远不够，还要关注借款的期限。如果向中国银行借的这笔借款还有两年到期，向农业银行借的这笔借款还有半年到期，请大家思考一下，长期借款是指向银行或其他金融机构借入的偿还期限在1年以上的款项，在这里哪一个不符合长期借款的界定？显然，此时还款期少于1年的就不算是长期借款了。因此，我们在填资产负债表的时候，要注意根据长期借款的概念进行判断，只有还款期超过1年的长期借款才放入“长期借款”项目，而还款期短于1年的长期借款，放到“一年内到期的非流动负债”项目。因此，“长期借款”项目，需要根据“长期借款”账户的期末余额减去“长期借款”账户所属明细账户反映的将在1年内到期的长期借款部分分析填列。则上述的“长期借款”项目对应填列：150 000元（450 000元−300 000元）。

综上所述，我们可以将资产负债表期末数的具体填列方法小结如表7-3所示。

**表7-3 资产负债表期末数填列方法**

| 项目 | 期末数 |
| --- | --- |
| 资产 | |
| 流动资产： | |
| 货币资金 | =库存现金+银行存款+其他货币资金 |
| 交易性金融资产 | =直接填写总账余额 |
| 应收票据 | =直接填写总账余额 |
| 应收账款 | =应收账款明细账借方余额+预收账款明细账的借方余额−坏账准备 |
| 预付账款 | =应付账款明细账借方余额+预付账款明细账的借方余额 |
| 应收利息 | =直接填写总账余额 |
| 应收股利 | =直接填写总账余额 |

续表

| 项目 | 期末数 |
| --- | --- |
| 其他应收款 | =直接填写总账余额 |
| 存货 | =(材料采购+在途物资+原材料+周转材料+生产成本+库存商品)-存货跌价准备+/-材料成本差异 |
| 一年内到期的非流动资产 | =持有至到期投资(将于1年的到期部分)+长期待摊费用(将于1年内摊销部分)+长期应收款(1年内可收回) |
| 其他流动资产 | =直接填写总账余额 |
| 非流动资产: | |
| 可供出售金额资产 | =直接填写总账余额 |
| 持有至到期投资 | =持有至到期投资(期末余额)-持有至到期投资(1年内到期部分)-持有至到期投资减值准备(期末余额) |
| 长期应收款 | =长期应收款(期末余额)-长期应收款(1年内到期部分)-未确认融资收益(期末余额)-坏账准备(相关期末余额) |
| 长期股权投资 | =长期股权投资(期末余额)-长期股权投资减值准备(期末余额) |
| 投资性房地产 | =投资性房地产(期末余额)-投资性房地产累计折旧(期末余额)-投资性房地产减值准备(期末余额) |
| 固定资产 | =固定资产(期末余额)-累计折旧(期末余额)-固定资产减值准备(期末余额) |
| 在建工程 | =直接填写总账余额 |
| 工程物资 | =直接填写总账余额 |
| 固定资产清理 | =直接填写总账余额 |
| 生产性生物资产 | =生产性生物资产(期末余额)-生产性生物资产累计折旧(期末余额)-生产性生物资产减值准备(期末余额) |
| 油气资产 | =直接填写总账余额 |
| 无形资产 | =无形资产(期末余额)-累计摊销(期末余额)-无形资产减值准备(期末余额) |
| 开发支出 | =资本化支出明细余额 |
| 商誉 | =商誉(期末余额)-相关减值准备(期末余额) |
| 长期待摊费用 | =长期待摊费用(期末余额)-长期待摊费用(1年内到期部分) |

**续表**

| 项目 | 期末数 |
| --- | --- |
| 递延所得税资产 | =直接填写总账余额 |
| 其他非流动资产 | =直接填写总账余额 |
| 负债和所有者权益 | |
| 流动负债： | |
| 短期借款 | =直接填写总账余额 |
| 交易性金融负债 | =直接填写总账余额 |
| 应付票据 | =直接填写总账余额 |
| 应付账款 | =应付账款明细账贷方余额+预付账款明细账的贷方余额 |
| 预收账款 | =预收账款明细账贷方余额+应收账款明细账的贷方余额 |
| 应付职工薪酬 | =直接填写总账余额 |
| 应交税费 | =直接填写总账余额 |
| 应付利息 | =直接填写总账余额 |
| 应付股利 | =直接填写总账余额 |
| 其他应付款 | =直接填写总账余额 |
| 一年内到期的非流动负债 | =长期借款+长期应付款+应付债券+预计负债(1年内到期的) |
| 其他流动负债 | =直接填写总账余额 |
| 非流动负债： | |
| 长期借款 | =长期借款(期末余额)-长期借款(将于1年内到期部分) |
| 应付债券 | =直接填写总账余额 |
| 长期应付款 | =长期应付款(期末余额)-长期应付款(将于1年内到期部分)-未确认融资费用(期末余额) |
| 专项应付款 | =直接填写总账余额 |
| 预计负债 | =直接填写总账余额 |
| 递延所得税负债 | =直接填写总账余额 |
| 其他非流动负债 | =直接填写总账余额 |

续表

| 项目 | 期末数 |
| --- | --- |
| 所有者权益: | |
| 实收资本 | =直接填写总账余额 |
| 资本公积 | =直接填写总账余额 |
| 减:库存股 | |
| 盈余公积 | =直接填写总账余额 |
| 未分配利润 | =本年利润+利润分配 |

通过上面的方法填列完了资产负债表后，必须按照表中的逻辑关系进行加计，保证资产总计=负债+所有者权益的总计。

## 四、资产负债表编制示例

假设ABC公司2023年12月31日科目余额表如表7-4所示。

**表7-4　ABC公司2023年12月31日科目余额表**

科目余额表

编制单位:ABC公司　　2023年12月31日　　金额单位:元

| 科目名称 | 借方金额 | 贷方金额 |
| --- | --- | --- |
| 库存现金 | 850 | |
| 银行存款 | 200 760 | |
| 交易性金融资产 | 20 000 | |
| 应收票据 | 3 000 | |
| 应收账款 | 40 210 | |
| 坏账准备 | | 720 |
| 预付账款 | 4 000 | |
| 其他应收款 | 800 | |
| 原材料 | 135 000 | |
| 库存商品 | 138 000 | |
| 生产成本 | 7 200 | |

续表

| 科目名称 | 借方金额 | 贷方金额 |
|---|---|---|
| 长期股权投资 | 30 050 | |
| 长期股权投资减值准备 | | 1 000 |
| 固定资产 | 2 087 520 | |
| 累计折旧 | | 804 000 |
| 无形资产 | 600 000 | |
| 累计摊销 | | 170 000 |
| 短期借款 | | 512 500 |
| 应付账款 | | 79 120 |
| 预收账款 | | 10 000 |
| 其他应付款 | | 11 100 |
| 应交税费 | | 7 950 |
| 应付职工薪酬 | | 14 320 |
| 长期借款 | | 200 000 |
| 实收资本 | | 900 000 |
| 盈余公积 | | 302 160 |
| 本年利润 | | 20 000 |
| 利润分配 | | 234 520 |
| 合计 | 3 267 390 | 3 267 390 |

其中账户余额中存在如下情况：

（1）“应收账款”总账户借方余额40 120元，由两部分组成：

借方有余额的明细账合计45 210元，贷方有余额的明细账合计5 000元。

（2）“预付账款”总账借方余额4 000元，由两部分组成：

借方有余额的明细账合计5 000元，贷方有余额的明细账合计1 000元。

（3）“应付账款”总账贷方余额79 120元，由两部分组成：

借方有余额的明细账合计10 000元，贷方有余额的明细账合计89 120元。

根据前面的分析，编制的资产负债表如表7-5所示。

**表7-5　ABC公司2023年12月31日资产负债表**

资产负债表

编制单位:ABC公司　　编制时间:2023年12月31日　　单位:元

| 资　产 | 期末余额 | 年初余额 | 负债和所有者权益 | 期末余额 | 年初余额 |
|---|---|---|---|---|---|
| 流动资产: | | | 流动负债: | | |
| 货币资金 | 201 610.00 | | 短期借款 | 512 500.00 | |
| 交易性金融资产 | 20 000.00 | | 交易性金融负债 | | |
| 应收票据 | 3 000.00 | | 应付票据 | | |
| 应收账款 | 44 490.00 | | 应付账款 | 90 120.00 | |
| 预付款项 | 15 000.00 | | 预收款项 | 15 000.00 | |
| 应收利息 | | | 应付职工薪酬 | 14 320.00 | |
| 应收股利 | | | 应交税费 | 7 950.00 | |
| 其他应收款 | 800.00 | | 应付利息 | | |
| 存货 | 280 200.00 | | 应付股利 | | |
| 一年内到期的非流动资产 | | | 其他应付款 | 11 100.00 | |
| 其他流动资产 | | | 一年内到期的非流动负债 | | |
| 流动资产合计 | 565 100.00 | | 其他流动负债 | | |
| 非流动资产: | | | 流动负债合计 | 650 990.00 | |
| 可供出售金融资产 | | | 非流动负债: | | |
| 持有至到期投资 | | | 长期借款 | 200 000.00 | |
| 长期应收款 | | | 应付债券 | | |
| 长期股权投资 | 29 050.00 | | 长期应付款 | | |
| 投资性房地产 | | | 递延所得税负债 | | |
| 固定资产 | 1 283 520.00 | | 其他非流动负债 | | |
| 在建工程 | | | 非流动负债合计 | 200 000.00 | |
| 工程物资 | | | 负债合计 | 850 990.00 | |

**续表**

| 资 产 | 期末余额 | 年初余额 | 负债和所有者权益 | 期末余额 | 年初余额 |
|---|---|---|---|---|---|
| 固定资产清理 | | | 所有者权益： | | |
| 无形资产 | 430 000.00 | | 实收资本(股本) | 900 000.00 | |
| 长期待摊费用 | | | 资本公积 | | |
| 递延所得税资产 | | | 减:库存股 | | |
| 其他非流动资产 | | | 盈余公积 | 302 160.00 | |
| 非流动资产合计 | 1 742 570.00 | | 未分配利润 | 254 520.00 | |
| | | | 所有者权益合计 | 1 456 680.00 | |
| 资产总计 | 2 307 670.00 | | 负债和所有者权益总计 | 2 307 670.00 | |

在本例中，资产负债表中有关项目的数据计算说明如下：

（1）“货币资金”项目的金额是根据“库存现金”和“银行存款”两个账户的期末余额合计填列的，即850＋200 760＝201 610（元）。

（2）“交易性金融资产”“应收票据”“其他应付款”“短期借款”“其他应收款”“应交税费”“应付职工薪酬”“长期借款”“实收资本”和“盈余公积”项目根据总账的期末余额直接填列。

（3）“应收账款”项目的金额，等于“应收账款”账户所属明细分类账户的借方余额之和，加上“预收账款”账户所属明细分类账户的借方余额之和，减去“坏账准备”账户的期末余额，即45 210＋0－720＝44 490（元）。

（4）“预收款项”项目的金额，等于“应收账款”账户所属明细分类账户的贷方余额之和，加上“预收账款”账户所属明细分类账户的贷方余额之和，即50 00＋10 000＝15 000（元）。

（5）“应付账款”项目的金额，等于“应付账款”账户所属明细分类账户的贷方余额之和，加上“预付账款”账户所属明细分类账户的贷方余额之和，即89 120＋1 000＝90 120（元）。

（6）“预收款项”项目的金额，等于“应付账款”账户所属明细分类账户的借方余额之和，加上“预付账款”账户所属明细分类账户的借方余额之和，即10 000＋5 000＝15 000（元）。

（7）“存货”项目的金额，是根据“原材料”“库存商品”和“生产成本”账户的期末余额合计填列的，即135 000＋138 000＋7 200＝280 200（元）。

（8）“长期股权投资”项目的金额是根据“长期股权投资”账户的期末余额，减去“长期股权投资减值准备”账户的期末余额后的金额填列的，即30 050－1 000＝29 050（元）。

（9）“固定资产”项目的金额，是根据“固定资产”账户的期末余额，减去“累计折旧”和“固定资产减值准备”账户的期末余额后的金额，以及“固定资产清理”账户的期末余额填列的，即2 087 520－804 000－0＋0＝1 283 520（元）。

（10）“无形资产”项目的金额，是根据“无形资产”账户的期末余额，减去“累计摊销”和“无形资产减值准备”账户的期末余额后的金额填列的，即600 000－170 000－0＝430 000（元）。

（11）“本年利润”账户的贷方余额20 000元代表企业当年实现的利润，“利润分配”账户的贷方余额234 520元代表企业截至上年末累计留存的利润。在填列资产负债表中的期末余额时，要将这两者加总，计算“未分配利润”项目的金额，代表截至2024年1月31日累计留存的利润。因此“未分配利润”项目的金额为20 000＋234 520＝254 520（元）。

## 小知识

### 如何阅读资产负债表

资产＝负债＋所有者权益是资产负债表最基础的逻辑关系。资产负债表反映企业的家底是什么样的，说家底的时候它一定是一个时点的概念，时点就好像为这个企业的家底拍了一张照片一样，表明的是企业这一刻的状况。资产负债表描述了企业在某一个时点的财务状况，那什么样的资产负债表可以被认为是健康的呢？一般来说，要有比较高的流动资产、相对高的净资产、足够的留存收益（主要是盈余公积和未分配利润）、相对低的负债。

资产负债表受所在行业特点的影响，也就是说不同行业的资产负债表的资产构成、负债结构、资本构成等表现是不一样的，比如，制造业通常会有大量的存货和固定资产（原材料、在产品、产成品、机器设备、生产线等）；而像英语培训学校这样的服务类公司的资产负债表，简单得令人不可思议，没有存货，没有应收款，没有短期借款，没有长期负债，现金占资产的比例很大。所以，在分析企业的资产负债表时，需要充分考虑其所在行业的特性，以更准确地评估企业的运营状况、风险水平和未来发展潜力。

资产负债表只反映报表日当天的财务状况。过了这一天，任何事情都有可能发生。在年底或月底的时候，资产负债表可能会被操纵，比如临时拆借的现金会在报表发布后不久，甚至在报表发布的次日，像泄洪一样急剧减少；货物前几天刚卖出去（发到了经销商的仓库），没过多久，又全部退了回来。

俗话说："买的没有卖的精。"企业发布的资产负债表，它披露的信息很重要，但它所隐藏的信息也许更有价值。阅读时要睁大眼睛哦！

## 第三节　企业的盈亏——利润表

### 一、利润表的概念及作用

把资金投入企业，目的是用这些资金去赚钱，所以需要用一张表来算一算到底有没有赚钱，这个钱是从哪儿赚的，这个表就是利润表。

利润表是反映企业在一定会计期间经营成果的报表，主要提供有关企业经营成果方面的信息，属于动态报表。

利润表像一个漏斗，进来的是收入，出去的是利润，一般来讲，利润是小于收入的。因为在这过程中要损耗掉各种各样的东西，首先需要损耗的是成本，收入减成本，是毛利。毛利扣除各种费用是税前的利润，再扣除所得税就是净利润了。因此，利润表的逻辑关系是：利润＝收入－费用。利润表描述企业的盈利状况，这是在过去的一个时间段里赚到的，所以利润表是一个时段的概念，就像是给企业的盈利状况拍了一段录像。

此外，利润表不仅报告企业是否赚钱的信息，而且还把持续性利润、营业利润、不具有持续性的利润营业外收支以及补贴收入都单独列出，这就可以使得报表的使用者从今天的利润表当中推断明天的公司利润，形成对公司未来盈利预期的基础。

### 二、利润表的格式

我国企业普遍采用多步式利润表。多步式利润表是通过对当期的收入、费用、支出项目按性质或功能加以归类，按利润形成的主要环节列示一些中间性利润指标，如营业利润、利润总额、净利润，分步计算当期净利润。如表7-6所示。

**表7-6　多步式利润表**

利 润 表

会企02表

编制单位：　　　　　　　　　年　　月　　日　　　　　　　　　单位：元

| 项　　目 | 行数 | 本期数 |
|---|---|---|
| 一、营业收入 | 1 | |
| 减：营业成本 | 2 | |
| 营业税金及附加 | 3 | |
| 销售费用 | 4 | |
| 管理费用 | 5 | |
| 财务费用（收益以"－"号填列） | 6 | |
| 资产减值损失 | 7 | |
| 加：公允价值变动收益（损失以"－"号填列） | 8 | |
| 投资收益（损失以"－"号填列） | 9 | |
| 二、营业利润（亏损以"－"号填列） | 10 | |
| 加：营业外收入 | 11 | |
| 减：营业外支出 | 12 | |
| 其中：非流动资产处置损失 | 13 | |
| 三、利润总额（亏损总额以"－"号填列） | 14 | |
| 减：所得税费用 | 15 | |
| 四、净利润（净亏损以"－"号填列） | 16 | |
| 五、每股收益： | 17 | |
| （一）基本每股收益 | 18 | |
| （二）稀释每股收益 | 19 | |
| 六、其他综合收益 | 20 | |
| 七、综合收益总额 | 21 | |

企业负责人：　　　　　　　　财务负责人：　　　　　　　　会计机构负责人：

多步式利润表利用形成的排列格式注意了收入与支出配比的层次性，考虑了各个损益项目对利润的贡献程度，有助于分析企业的利润构成、盈利能力、经营的可持续性，便于不同企业之间盈利能力的比较。

## 三、利润表的编制

利润表中的“本期数”栏反映各项目的本期实际发生数，一般是根据损益类账户的本期发生额来填列的。

（1）“营业收入”项目，反映企业经营主要业务和其他业务所取得的收入总额。该项目应根据“主营业务收入”账户和“其他业务收入”账户的发生额合计分析填列。

（2）“营业成本”项目，反映企业经营主要业务和其他业务发生的实际成本总额。该项目应根据“主营业务成本”账户和“其他业务成本”账户的发生额合计分析填列。

（3）“税金及附加”项目，反映企业经营业务应负担的消费税、城市维护建设税、资源税、教育费附加及房产税、城镇土地使用税、车船税、印花税等。该项目应根据“税金及附加”账户的发生额分析填列。

（4）“销售费用”项目，反映企业在销售商品过程中发生的包装费、广告费等费用和为销售本企业商品而专设的销售机构的职工薪酬、业务费等经营费用。该项目应根据“销售费用”账户的发生额分析填列。

（5）“管理费用”项目，反映企业为组织和管理生产经营发生的管理费用。该项目应根据“管理费用”账户的发生额分析填列。

（6）“财务费用”项目，反映企业为筹集生产经营所需资金而发生的利息支出等。该项目应根据“财务费用”账户的发生额分析填列。

（7）“资产减值损失”项目，反映企业因资产减值而发生的损失。该项目应根据“资产减值损失”账户的发生额分析填列。

（8）“公允价值变动收益”项目，反映企业资产因公允价值变动而发生的损益。该项目应根据“公允价值变动损益”账户的发生额分析填列，如为净损失，以“—”号填列。

（9）“投资收益”项目，反映企业以各种方式对外投资所取得的净收益。该项目应根据“投资收益”账户的发生额分析填列，如为投资净损失，以“—”号填列。

（10）“资产处置收益”项目，反映企业出售划分为持有待售的非流动资产（金融工具、长期股权投资和投资性房地产除外）或处置时确认的处置利得或损失，以及处置未划分为持有待售的固定资产、在建工程、生产性生物资产及无形资产而产生的处置利得或损失。债务重组中因处置非流动资产产生的利得或损失和非货币性资产交换产生的利得或损失也包括在该项目内。该项目应根据在损益类科目新设置的“资产处置收益”账户的发生额分析填列，如为处置损失，以“－”号填列。

（11）“其他收益”项目，反映计入其他收益的政府补助等。该项目应根据在损益类科目新设置的“其他收益”科目的发生额分析填列。

（12）“营业外收入”项目，反映企业发生的营业利润以外的收益，主要包括债务重组利得、与企业日常活动无关的政府补助、盘盈利得、捐赠利得等。该项目应根据“营业外收入”账户的发生额分析填列。

（13）“营业外支出”项目，反映企业发生的营业利润以外的支出，主要包括债务重组损失、公益性捐赠支出、非常损失、盘亏损失、非流动资产毁损报废损失等。该项目应根据“营业外支出”账户的发生额分析填列。

（14）“所得税费用”项目，反映企业按规定从本期利润总额中减去的所得税。该项目应根据“所得税费用”账户的发生额分析填列。

（15）“净利润”项目，反映企业实现的净利润。如为净亏损，以“－”号填列。

（16）“其他综合收益”和“综合收益总额”项目。“其他综合收益”反映企业未在当期损益中确认的各项利得和损失扣除所得税影响后的净额。“综合收益”是企业在某一会计期间除与所有者以其所有者身份进行的交易之外的其他交易或事项引起的所有者权益变动。“综合收益总额”反映净利润和其他综合收益扣除所得税影响后的净额相加后的合计数额。“其他综合收益”项目根据有关科目的明细发生额分析计算填列，“综合收益总额”项目根据本表中相关项目计算填列。

## 四、多步式利润表的计算步骤

第一步，计算营业利润：

营业利润＝营业收入－营业成本－税金及附加－销售费用－管理费用－研发费用－财务费用＋其他收益＋投资收益（－损失）＋公允价值变动收益（－损失）－资产减值损失＋资产处置收益（－损失）

其中：营业收入＝主营业务收入＋其他业务收入

营业成本＝主营业务成本＋其他业务成本

第二步，计算利润总额：

利润总额＝营业利润＋营业外收入－营业外支出

第三步，计算净利润：

净利润=利润总额-所得税费用

第四步，计算综合收益：

综合收益=净利润+其他综合收益

## 五、利润表编制示例

假设益生公司2023年12月31日各损益类账户本期发生额及方向如表7-7所示。

**表7-7　益生公司2023年12月31日各损益类账户本期发生额**

| 账户名称 | 借方发生额 | 贷方发生额 |
|---|---|---|
| 主营业务收入 | | 178 000.00 |
| 其他业务收入 | | 2 000.00 |
| 投资收益 | | 5 000.00 |
| 营业外收入 | | 60 000.00 |
| 主营业务成本 | 115 441.60 | |
| 其他业务成本 | 1 500.00 | |
| 营业税金及附加 | 1 000.00 | |
| 销售费用 | 16 340.00 | |
| 管理费用 | 26 600.00 | |
| 财务费用 | 1 500.00 | |
| 营业外支出 | 800.00 | |
| 合计 | 163 181.60 | 245 000.00 |

按前面的编制方法，编制的利润表如表7-8所示。

**表7-8　益生公司2023年12月利润表**

利 润 表

会企02表

编制单位:益生公司　　2023年12月　　单位:元

| 项　　目 | 行数 | 本期数 |
|---|---|---|
| 一、营业收入 | 1 | 180 000.00 |
| 减:营业成本 | 2 | 116 941.60 |

续表

| 项　　目 | 行数 | 本期数 |
|---|---|---|
| 营业税金及附加 | 3 | 1 000.00 |
| 销售费用 | 4 | 16 340.00 |
| 管理费用 | 5 | 26 600.00 |
| 财务费用(收益以“－”号填列) | 6 | 1 500.00 |
| 资产减值损失 | 7 | |
| 加:公允价值变动收益(损失以“－”号填列) | 8 | |
| 投资收益(损失以“－”号填列) | 9 | 5 000.00 |
| 二、营业利润(亏损以“－”号填列) | 10 | 22 618.40 |
| 加:营业外收入 | 11 | 60 000.00 |
| 减:营业外支出 | 12 | 800.00 |
| 其中:非流动资产处置损失 | 13 | |
| 三、利润总额(亏损总额以“－”号填列) | 14 | 81 818.40 |
| 减:所得税费用 | 15 | 20 454.60 |
| 四、净利润(净亏损以“－”号填列) | 16 | 61 363.80 |
| 五、每股收益: | 17 | |
| (一)基本每股收益 | 18 | |
| (二)稀释每股收益 | 19 | |
| 六、其他综合收益 | 20 | |
| 七、综合收益总额 | 21 | |

其中:

营业收入＝主营业务收入＋其他业务收入＝178 000＋2 000＝180 000（元）;

营业成本＝主营业务成本＋其他业务成本＝115 441.6＋1 500＝116 941.6（元）。

## 小知识

### 如何阅读利润表

如果把利润表比作一棵树，则利润是果实，收入是根基，费用和成本是枝干和树叶，以保证果实的成长。

大多数企业都是通过销售产品或者提供服务获得销售收入，进而产生利润的，因此，我们评判一家企业的产品或服务是好是坏，主要看两点。第一，产品好不好卖。好卖说明销量好，客户愿意为之付费买单。第二，赚不赚钱。赚钱则说明产品或服务的利润空间大。

利润表的第一行通常是企业的销售收入，产品和服务好不好卖就看这个数字，这个数字越大越好，增长越快越好。

利润表的费用结构往往体现了企业的战略部署和资源配置。高技术以及需要创新产品的企业，研发费用会很高；正在开拓新市场的企业，销售费用会提高很快；准备在现有市场基础上深入挖掘的企业，往往会提高员工的工资、福利和增加培训费用；企业如果进入衰退期，则会削减存货，停止招工，如果在萧条期，就要缩减管理费用，甚至裁减雇员。

最后是净利润，企业赚不赚钱就看这个数字，这个数字越大，表明公司越赚钱。如果净利润是负数，负值越大，说明企业亏损越大。在正常情况下，净利润永远不会大于销售收入。净利润除以销售收入所得的比率，通常称为利润率，利润率高且增长快的企业一般是一家有“钱途”的公司，说明产品卖得好。如果销售收入很高，但是利润很低，就需要认真分析是哪方面的原因了。当然，有的公司可能因为扩张造成了固定成本的提升，也会造成利润率的降低。也存在一些公司利润率很高，但是，实际销售收入并不大，整体利润也不大。

所以说，看利润表，不能只看利润，影响利润结果的其他项目比利润本身更有意义。此外，看利润表不能只看数字的增长，更要看增长的质量，明白利润究竟从何而来，是否能长期保持。

# 第四节　企业的生命之河——现金流量表

## 一、现金流量表的概念及作用

前面学习的利润表与资产负债表，都是以权责发生制为记账基础，依据各个账户的记录编制而成的。无论是资产负债表中的资产、负债、所有者权益，还是利润表中的利润，都是账面的数据，是财务人员做账出来的，利润表和资产负债表所展示的金额可能只是幻觉，并不真实。而现金流量表却不同，它报告的是真金白银，是实实在在可用来付账的现金。企业在编制利润表和资产负债表的同时，也要编制一张现金流量表。

现金流量表是指反映企业在一定会计期间现金及现金等价物流入和流出的报表，表明企业获得现金及现金等价物的能力，属于动态报表。现金流量表将企业的现金流入和流出按照从事的经营、投资和融资3项活动进行分类描述。

现金流量表中的“现金”指广义的现金，它包括企业的库存现金、可随时用于支付的存款、其他货币资金和现金等价物。现金等价物是指企业持有的期限短、流动性高、易于转换为已知金额的现金、价值变动风险很小的投资。通常是指企业购买的在3个月或更短时间内到期或可转换为已知金额的现金的短期债券。

在现金流量表上，将所有的现金流入之和减去所有的现金流出之和，就是现金净流量，现金净流量事实上也就是现金的增减变化的数额。

现金流量表可以提供企业的现金流量信息，使报表使用者了解企业现金的来龙去脉和现金收支构成，从而使报表使用者能够对企业整体财务状况和经营业绩作出客观评价；可以分析企业短期生存能力，使报表使用者能够对企业的支付能力和偿债能力以及企业对外部资金的需求情况作出较为可靠的判断；还可以揭示企业内在问题，分析企业利润的质量，使报表使用者能够预测企业未来的发展情况。

现金流量表不仅能描述企业现金增减变化，还能描述现金增减变化的原因。对于一个企业来说，现金一定是最重要的，也是企业最关心的，因为现金关系到企业的生死存亡，因此，关心现金的来龙去脉、监控企业运作风险是企业编制现金流量表的意义所在。

## 小课堂

**神奇的现金流故事**

话说在龙口海边的一个镇上，时值冬天，正是这里旅游的淡季，街道冷冷清清。

有一天，一个游客到小镇游玩，他走进一家旅馆给了店主1 000元现金，挑了间房准备入住。店主拿这1 000元跑到对门的屠夫家付清这个月的肉钱。而这个屠夫呢，也赶紧拿着这1 000元去养猪的农夫家付清了买生猪的款。养猪的农夫用1 000元去付清了饲料款，饲料老板赶紧拿着1 000元付清了旅馆店主的欠款，于是，这1 000元又回到旅馆店主手上。这时，游客说房间不合适，店主就把1 000元退还给了游客。

虽然游客把这1 000元不多不少地拿走了，但是不可思议的是全镇人所有的债务都清了，大家都非常开心。在这个故事中，如果没有这1 000元在流通，每个人都欠债，而有了这1 000元的流通，每个人都不欠债了。

这就是现金流的作用。

**注意！**

资产负债表和利润表是以权责发生制为基础编制的，而现金流量表是以收付实现制为基础编制的。

## 二、现金流量的分类

现金流量是某一会计期间内企业现金流入和流出的数量，指标有现金流入量、现金流出量和现金净流量。按照企业经营活动发生的性质，可以将企业一定期间产生的现金流量分为以下几种：

### （一）经营活动产生的现金流量

经营活动指的是企业投资活动和筹资活动以外的所有交易和事项，包括销售商品、提供劳务、经营租赁、购买商品、接受劳务、广告宣传、交纳税款等。

### （二）投资活动产生的现金流量

投资活动指的是企业长期资产的购建和不包括在现金等价物范围内的投资及其处置活动，包括取得和收回投资、购建和处置固定资产、无形资产和其他长期资产等。

**（三）筹资活动产生的现金流量**

筹资活动指的是导致企业资本及债务规模和构成发生变化的活动，包括吸收投资、发行股票、分配利润、发行债券、向金融企业借入款项以及偿还债务。

现金流量就像人体内流动着的血液。经营活动的现金流量代表企业的“造血”功能，衡量一个企业自我造血的能力；投资活动的现金流量代表企业的“献血”功能，企业在资金充沛时可以适当地进行投资，把资金借给其他企业使用；筹资活动的现金流量是“输血”功能，是企业从外部带来新鲜血液，从其他企业借入资金。健康的血液最重要的标志是不停地流动；不流动的血液对人体来说是有害无益的，甚至会造成生命危险。现金流量表是检验和分析企业现金流动和质量的一个重要报表。

## 三、现金流量表结构

根据资金的用途，现金流量表结构可分为：经营活动现金流、投资活动现金流和筹资活动现金流。

**（一）经营活动现金流**

1. 流入部分

这部分包括：销售商品、提供劳务收到的现金，如本期销售商品、提供劳务收到的现金，收回的应收款，新增的预收款，减去期内退货支付的现金；收到税费返还，如政府补助的退税；收到其他与经营活动有关的现金，如经营租赁收到的租金、自有资金的利息。

2. 流出部分

这部分包括：购买商品、接受劳务支付的现金；支付给职工以及为职工支付的现金，如支付给职工的工资、奖金、津贴和补贴这类职工薪酬；支付的各项税费；其他与支付有关的现金，如经营租赁的租金、差旅费、业务招待费、保险费、罚款支出。

**（二）投资活动现金流**

1. 流入部分

这部分包括：收回投资收到的现金；取得投资收益收到的现金，如股票分红、债券利息；处置固定资产、无形资产和其他长期资产收回的现金净额，如卖出资产的现金与之前买入费用的净额；处理子公司及其他单位收到的现金净额，如卖出子公司或业务部门收到的现金，减去子公司或业务部门账上现金。

2. 流出部分

这部分包括：购建固定资产、无形资产和其他长期资产支付的现金；投资支付的现金；取得子公司及其他营业单位支付的现金净额；支付其他与投资活动有关的现金。

**（三）筹资活动现金流**

1. 流入部分

这部分包括：吸收投资收到的现金，如出售股票的现金收入减去发行费用；取得借款收到的现金，如各类长短期借款；发行债券收到的现金，如发行债券的现金收入减去发行费用；收到其他与筹资活动有关的现金，如接受现金捐赠。

2. 流出部分

这部分包括：偿还债务支付的现金；分配股利、利润或偿付利息支付的现金；支付其他与筹资活动有关的现金，如捐赠、融资租赁费、借款利息、分期付款购建资产的后期现金。

现金流量表如表7–9所示。

**表7–9 现金流量表**

现金流量表

会企03表

编制单位： 年 月 单位：元

| 项目 | 本期金额 | 上期金额 |
|---|---|---|
| 一、经营活动产生的现金流量 | | |
| 销售产成品、商品、提供劳务收到的现金 | | |
| 收到税费返还 | | |
| 收到其他与经营活动有关的现金 | | |
| 经营活动现金流入小计 | | |
| 购买原材料、商品、接受劳务支付的现金 | | |
| 支付的职工薪酬 | | |
| 支付的税费 | | |
| 支付其他与经营活动有关的现金 | | |
| 经营活动现金流入小计 | | |
| 经营活动产生的现金流量净额 | | |
| 二、投资活动产生的现金流量 | | |
| 收回短期投资、长期债券投资和长期股权投资收到的现金 | | |

续表

| 项目 | 本期金额 | 上期金额 |
| --- | --- | --- |
| 取得投资收益收到的现金 | | |
| 处置固定资产、无形资产和其他非流动资产收回的现金净额 | | |
| 处置子公司及其他营业单位收到的现金净额 | | |
| 收到其他与投资活动有关的现金 | | |
| 投资活动现金流入小计 | | |
| 短期投资、长期债券投资和长期股权投资支付的现金 | | |
| 购建固定资产、无形资产和其他非流动资产支付的现金 | | |
| 取得子公司及其他营业单位支付的现金净额 | | |
| 支付其他与投资活动有关的现金 | | |
| 投资活动现金流出小计 | | |
| 投资活动产生的现金流量净额 | | |
| 三、筹资活动产生的现金流量 | | |
| 取得借款收到的现金 | | |
| 吸收投资者投资收到的现金 | | |
| 收到其他与筹资活动有关的现金 | | |
| 筹资活动现金流入小计 | | |
| 偿还债务支付的现金 | | |
| 分配股利、利润或偿付利息支付的现金 | | |
| 支付其他与筹资活动有关的现金 | | |
| 筹资活动现金流出小计 | | |
| 筹资活动产生的现金流量净额 | | |
| 四、汇率变动对现金的影响 | | |
| 五、现金及现金等价物净增加额 | | |
| 加:期初现金及现金等价物余额 | | |
| 六、期末现金及现金等价物余额 | | |

## 四、现金流量表的编制

### （一）现金流量表根据以下两个等式编制而成

期末现金余额＝期初现金余额＋本年度现金净增加额

本年度现金净增加额＝本年度现金流入总额－本年度现金流出总额

其中：

现金流入总额＝经营活动现金流入总额＋投资活动现金流入总额＋筹资活动现金流入总额

现金流出总额＝经营活动现金流出总额＋投资活动现金流出总额＋筹资活动现金流出总额

### （二）企业现金净增加额的计算

经营活动产生的净现金流量＝经营活动现金流入总额－经营活动现金流出总额

投资活动产生的净现金流量＝投资活动现金流入总额－投资活动现金流出总额

筹资活动产生的净现金流量＝筹资活动现金流入总额－筹资活动现金流出总额

在正常的公司运营中，经营活动现金流净额为正，而投资和筹资活动现金流净额的正负，得具体情况具体分析。一般来说，投资活动现金流为正，如果是收回投资现金、取得投资收益还正常，如果是变卖家产所得那就得盯紧了；投资活动现金流为负，意味着公司在扩大再生产。筹资活动现金流为正，表示公司在借钱，要看他借钱用来做什么；筹资活动现金流为负，要看公司是在还债还是回报股东。根据现金流量表简要判别企业的财务状况可如表7-10所示。

表7-10　3种活动的净现金流符号分析

| | 经营活动 | 投资活动 | 筹资活动 | 原因分析 |
|---|---|---|---|---|
| 1 | ＋ | ＋ | ＋ | 如果投资活动现金主要来自投资收益，则形势良好；如果是投资收回，则需谨慎 |
| 2 | ＋ | ＋ | － | 尽管需要偿还资金，但财务状况比较安全 |
| 3 | ＋ | － | ＋ | 通过融资进行投资，往往处于扩张期 |
| 4 | ＋ | － | － | 既要偿还以前债务，又要继续投资，经营现金流压力大 |
| 5 | － | ＋ | ＋ | 经营创现能力较差，主要靠借债维持生产经营 |
| 6 | － | ＋ | － | 经营活动已经发出危险信号，债务到期，变卖家当 |
| 7 | － | － | ＋ | 靠借债维持经营活动与生产规模的扩大。需迅速渡过难关；若为成熟期企业，非常危险 |
| 8 | － | － | － | 财务状况非常危险。常由过快扩张引发，但经营状况恶化，企业已进退两难 |

## 小知识

### 如何阅读现金流量表

现金流量表不仅描述企业现金增减变化还能描述现金增减变化的原因。比如，A公司2023年一整年融资活动的现金流量达到了8 070万元，这说明是通过融资获得现金。投资活动的现金流量为−5 850万元，这说明是进行投资造成的现金流出。但这5 850万元不一定投向了公司外部，也有可能被用于其自身固定资产的建设和完善。它的经营活动净现金流是−500万元，意味着经营活动的流入少于流出。也就是说，A公司销售产品所获得的钱不足以支付日常的人工开支和税务开支。A公司融资活动的现金流为8 070万元，投资活动的现金流为−5 850万元，经营活动的现金流为−500万元，则最终它的现金净流量是1 720万元。所以现金流量表完整地解释了这1 720万元是如何产生的：融入了8 070万元的资金，然后又拿5 850万元投资，最后用500万元补贴了公司经营活动的资金缺口，剩下了1 720（=8 070−5 850−500）万元的净现金流量。

又如，甲公司2023年经营活动的现金流量是1亿元，投资活动支出了8 000万元，融资活动支出了1 000万元，则它的现金净流量是1 000万元。乙公司2023年经营活动的现金流入是−5 000万元，投资活动的现金净流量是−2 000万元，而融资活动的现金净流量是8 000万元，则乙公司的现金净流量也是1 000万元。就是说2023年这两家公司的现金都增加了1 000万元。但对这两家公司的评价完全不一样。因为甲公司是经营活动创造出现金，而经营活动的现金不仅今年可以创造，可能明年及至未来都可以创造，让人觉得甲公司运行得很健康，完全能够自给自足。而乙公司的现金主要来自融资活动，它的经营活动却入不敷出，让人觉得公司未来的前景不太明确。所有的企业现金的流入，企业一定都希望是来自经营活动，因为越是来自经营活动的流入就越可以持久。同样，在流出当中，企业可能更希望资金是流去进行投资，因为投资的这些支出很可能未来可以带来回报。这就是在了解现金的增减变化情况之后，还必须了解其增减变化原因的缘由，也是企业需要一张现金流量表的缘由。

**注意!**

现金是企业的血液，只有流动起来才能产生价值，才会推动企业的发展，如果一个企业没有充足的现金，便无法正常运转和生存。企业可以暂时没有利润，但是不能没有现金，一个企业没有钱往往比不赚钱更可怕。利润决定了企业的持久发展能力，现金流则是过日子的真金白银，是企业运营的真正灵魂。现金流量表可以用来记录一个企业真实的资金流动，进来多少钱，出去多少钱，还有多少钱，一目了然。

## 小课堂

### 资产负债表、利润表和现金流量表的关系

我们以A公司2023年（刚成立的第一年）一整年共进行的13项经济活动（见资料1）为例，编制A公司的资产负债表（见表7-11）、利润表（见表7-12）及现金流量表（见表7-13），进而分析三者之间的关系。

A公司2023年发生的13项经济活动，有融资行为（而且融资既有债务融资也有股权融资），有投资行为，还有经营的活动，其中既涉及采购，也涉及生产、研发、管理等各个方面，实际上是一个企业正常经营情况之下的浓缩。这些经济活动全部反映到公司的3张报表上，它们之间的关系又是怎样的呢？

一、从经济活动的角度来看

销售产品、支付各种费用、进行研发、支付所得税都在利润表上体现，这些活动都只跟经营活动有关系，所以利润表主要描述企业的经营活动。应收款、应付款等经营活动，还有固定资产、无形资产、长期投资、长（短）期借款、股东权益等投资和融资活动，都列在资产负债表上，资产负债表虽然也描述了一定的经营活动，但实际上它主要的篇幅不是在经营活动上而是在投融资活动上。而所有的13项经济活动全部都在现金流量表上体现，其中既有经营活动的现金流，也有投资和融资活动的现金流。也就是说，现金流量表把企业的经营、投资、融资活动又重新描述了一遍。但这3张报表并不重复，因为它们的角度不一样。现金流关系着企业的生死存亡，现金流量表描述的是企业能不能活下去，也就是说，现金流量表是站在风险的角度，揭示企业的风险状况和持续经营的能力。另一个角度是由资产负债表和利润表共同构成的，揭示企业如果能够继续生存它会是什么样子，将有什么样的家底，又将有多少收益，可以说这是一个收益的角度。所以说这两个角度缺一不可，它们完整地描述了企业的所有的经济活动。

二、从报表数字勾稽关系来看

以A公司的资产负债表和利润表为例，A公司2023年度一共盈利了520万元，

如果分配了100万元，则还剩下420万元，420万元的未分配利润相当于是股东对公司的追加投资，因此应该增加公司股东权益。则这420万元将被归入资产负债表中的股东权益中的“未分配利润”项目上。如果2022年12月31日，A公司的账上已有1 000万元的未分配利润，那么到2023年12月31日，它的账上就有1 420万元的未分配利润。这就是资产负债表反映时点数据和利润表反映时段数据，它们之间建立联系的方式，利润表当中的一部分利润有可能被归入资产负债表中的“未分配利润”这一项，“未分配利润”项目实际上就是资产负债表和利润表之间产生联系的一个最直接的桥梁，是资产负债表和利润表之间最直接最表面的联系。A公司的现金流量表中体现的2023年现金净流量是1 720万元，这正是A公司2023年资产负债表上“货币资金”项目的期末数。因为A公司是一家新成立的公司，原先的货币资金是0，所以2023年的货币资金增长了1 720万元，这正是2023年的现金净流量。

三、从财务决策分析来看

3张报表各有侧重点，共同构成一个有机整体，完整地描述企业的状况。不同的财务报表其实承担着不同的角色，因此，企业作出不同决策时，或许会侧重从不同的财务报表获取信息。假设A公司要去银行贷款，银行在分析A公司的报表时，关注哪一张呢？可能很多人会说，银行会关心资产负债表，资产负债表上揭示了A公司的家底，如果A公司还不了债的话，可以用这些家底去最后偿债。其实并不然。虽然变卖资产去还债是可以解决负债问题的，但这是最后一根稻草，银行并不希望各公司通过这种变卖资产的方式来偿债，它更希望公司通过正常的经营过程来还债，换句话说，它希望公司有足够的现金余量去还债。所以说银行其实最关心的不是资产负债表，而是现金流量表。进一步说，现金流量表描述公司的风险状况，资产负债表和利润表描述公司的收益情况，对于贷款，公司不会因为多赚钱而多还债给银行，银行更关心的是公司赚钱赚得最少的时候，还能不能还得了银行的债，即公司的偿债风险，所以从这个角度来说，银行最关注的也是现金流量表。再假设投资者要投资A公司，他会最关注A公司的哪张报表呢？投资者在投资时当然最关心公司的收益，而且是未来的收益。资产负债表和现金流量表都是描述历史的，只有利润表把那些可持续的收益和不可持续的收益分开列式。通过利润表，不仅可以了解公司现在赚多少钱，而且还可以预测这个公司的未来盈利状况，所以投资者在投资时就应该求助于利润表。最后，假设要收购A公司，又应该看A公司的哪张报表呢？收购也是为了赚钱，当然首先要关心公司收益，但当一个公司被收购之后很可能它的经营的业务、模式都会发生彻底改变，它的利润就不会再延续原来的利润的发展趋势，对未来收益的预期就不一定能够从公司现在的利润表当中得到。同样，也不能够从现在的现金流量表当中去得到未来的现金收益的预期。另一方面，收购一家公司实际上相当于买该公司的股东权益。因为收购者取代原来的股东而成为新股东，股东权益等于资产减去负债，这就意味着收购者既买下了公司所有的资产也买下了公司所有的负债，所以，收购A公司当然就要关注它的资产负债表了。

由此可见，资产负债表主要描述企业的投资、融资活动，反映企业一个时点的财务状况；利润表主要描述企业经营活动，反映企业一段时间的盈利状况；现金流量表主要描述企业的经营、投资和融资活动，反映企业一段时间的风险状况。同时它们又各自承担着不同的责任，相互弥补各自信息的不足，有机地构成了一个整体，描摹企业的画像，透露出企业的一切秘密。

附：

资料1：

A公司2023年发生如下经济业务：

（1）设立公司，股东投资3 200万元现金。

（2）向银行借款5 100万元，借款期限为6个月。

（3）购买生产设备、办公家具和车辆，建造办公楼、厂房，花费5 700万元，以银行存款支付。

（4）获取一块土地的使用权，花费150万元。

（5）采购原材料花费2 400万元，到12月31日为止支付1 600万元现金，其余部分将在下一年度分期支付。

（6）生产出一批产品。产品成本为3 600万元，其中，使用的原材料价值为2 400万元，发生的人工费和其他支出1 200万元，以现金支付。

（7）销售产品4 300万元，销售成本3 100万元。到12月31日为止收到3 000万元现金，其余部分将在下一年度内收到。

（8）为下一年采购原材料预付150万元。

（9）支付管理人员工资和行政开支150万元，支付销售人员工资和外地销售分公司开支250万元。

（10）研发部门当期花费50万元成功地研制出用低成本进行污染处理的技术。

（11）支付银行利息130万元。

（12）支付所得税100万元。

（13）分配现金股利100万元。

**表7-11　A公司资产负债表**

时间：2023年12月31日　　　　单位:万元

| 资产 | 期末数 | 负债 | 期末数 |
|---|---|---|---|
| 流动资产: | | 流动负债: | |
| 货币资金 | 1 720 | 短期借款 | 5 100 |
| 应收账款 | 1 300 | 应付账款 | 800 |
| 预付账款 | 150 | 应付工资 | 0 |
| 存货 | 500 | 流动负债合计 | 5 900 |
| 流动资产合计 | 3 670 | 长期负债: | |
| | | 长期借款 | 0 |
| 长期资产: | | 应付债券 | 0 |
| 长期投资 | 0 | 股东权益: | |
| 固定资产 | 5 700 | 股本 | 3 200 |
| 无形及其他资产 | 150 | 资本公积 | 0 |
| | | 盈余公积 | 0 |
| | | 未分配利润 | 420 |
| 资产总计 | 9 520 | 负债和股东权益总计 | 9 520 |

**表7-12　A公司利润表**

时间:2023年度　　　　单位:万元

| 项目 | 本期金额 |
|---|---|
| 一、营业收入 | 4 300 |
| 减:营业成本 | 3 100 |
| 营业税金及附加 | 0 |
| 营业费用 | 250 |
| 管理费用 | 200 |
| 财务费用 | 130 |
| 资产减值损失 | 0 |

续表

| 项目 | 本期金额 |
| --- | --- |
| 加：公允价值变动收益 | 0 |
| 投资收益 | 0 |
| 二、营业利润 | 620 |
| 加：营业外收支净额 | 0 |
| 三、利润总额 | 620 |
| 减：所得税费用 | 100 |
| 四、净利润 | 520 |

**表7-13　A公司现金流量表**

时间：2023年度　　单位：万元

| 一、经营活动产生的现金流量 | |
| --- | --- |
| 销售商品、提供劳务收到的现金 | 3 000 |
| 收到税费返还 | |
| 收到其他与经营活动有关的现金 | |
| 现金流入小计 | 3 000 |
| 购买商品、接受劳务支付的现金 | 1 750 |
| 支付给职工以及为职工支付的现金 | 1 200 |
| 支付的各项税费 | 100 |
| 支付的其他与经营活动有关的现金 | 450 |
| 现金流出小计 | 3 500 |
| 经营活动产生的现金流量净额 | －500 |
| 二、投资活动产生的现金流量 | |
| 收回投资所收到的现金 | |
| 取得投资收益所收到的现金 | |
| 处置固定资产、无形资产和其他长期资产而所收到的现金净额 | |
| 收到的其他与投资活动有关的现金 | |

| | |
|---|---|
| 现金流入小计 | |
| 购建固定资产、无形资产和其他长期资产所支付的现金 | 5 850 |
| 投资所支付的现金 | |
| 支付的其他与投资活动有关的现金 | |
| 现金流出小计 | 5 850 |
| 投资活动产生的现金流量净额 | −5 850 |
| 三、筹资活动产生的现金流量 | |
| 吸收投资所收到的现金 | 3 200 |
| 借款所收到的现金 | 5 100 |
| 收到的其他与筹资活动有关的现金 | |
| 现金流入小计 | 8 300 |
| 偿还债务所支付的现金 | |
| 分配股利、利润或偿付利息所支付的现金 | 230 |
| 支付的其他与筹资活动有关的现金 | |
| 现金流出小计 | 230 |
| 筹资活动产生的现金流量净额 | 8 070 |
| 四、汇率变动对现金的影响 | |
| 五、现金及现金等价物净增加额 | 1 720 |

## 本章学习思考

### 重点概念

财务报告　“四表一注”　资产负债表　利润表　现金流量表

### 练习题

#### 一、单项选择题

1. 财务报告编制的依据是（　　）。

　A. 原始凭证　　B. 记账凭证　　C. 汇总记账凭证　　D. 账簿资料

2. 资产负债表中“短期借款”项目填列的依据是（　　）。

A.“短期借款”账户所属明细分类账户的期末余额

B.“短期借款”和“长期借款”两个账户的期末余额

C.“短期借款”总分类账户的期末余额

D.“短期借款”总分类账户的期末余额和所属明细分类账户的期末余额

3. 资产负债表结构设置的依据是（　　）。

A. 资产＝负债＋所有者权益＋（收入－费用）

B. 资产＋费用＝负债＋所有者权益＋收入

C. 资产＝负债＋所有者权益

D. 资产－负债＝所有者权益

4. 下列报表中，属于静态报表的是（　　）。

A. 利润表　　B. 所有者权益变动表

C. 现金流量表　　D. 资产负债表

5. 我国企业利润表的格式为（　　）。

A. 单步式　　B. 多步式　　C. 账户式　　D. 报告式

**二、多项选择题**

1. 资产负债表是（　　）。

A. 反映企业财务状况的财务报表

B. 反映企业报告期末财务状况的报表

C. 反映企业报告期间财务状况的报表

D. 反映企业财务状况的静态报表

E. 反映企业财务状况的动态报表

2. 在计算企业营业利润时需要考虑的项目有（　　）。

A. 投资收益　　B. 主营业务收入　　C. 营业外收入

D. 资产减值损失　　E. 其他业务成本

3. 利润表中的“营业收入”项目应根据（　　）之和填列。

A.“主营业务收入”　　B.“投资收益”　　C.“其他业务收入”

D.“营业外收入”　　E.“利息收入”

## 拓展思考

1. 如何通过利润表分析企业的盈利模式、市场竞争力以及未来盈利潜力？

2. 如何通过资产负债表和利润表的综合分析，全面评估企业的财务状况和经营绩效？

# 第八章　会计的人和事儿——会计机构和人员

## 学习目标

（1）理解会计机构和会计人员；
（2）理解会计人员的职业道德；
（3）理解会计舞弊。

## 故事导入

在繁忙的市中心，有一家名为“阳光商贸”的公司，它经营着各种日常用品，从文具到家居用品，应有尽有。这家公司的成功，除了优质的产品和服务外，还离不开它背后默默付出的会计团队——“财务守护者”。

“财务守护者”就是阳光商贸公司的会计部，会计部位于公司的一隅，虽然不起眼，但却是整个公司的财务核心。这个团队由几位经验丰富的会计师和充满活力的会计助理组成，他们各自分工明确，共同守护着公司的财务健康。

梁振东是一个刚从大学毕业，怀揣着会计梦想的年轻人。他通过层层筛选，成功加入了“财务守护者”团队，成为一名会计助理。

初入职场，梁振东对一切都感到新奇又紧张。他的师傅——一位在公司工作了10多年的老会计师——耐心地教导他如何录入凭证、如何核对账目、如何编制财务报表。梁振东逐渐发现，会计工作并不只是表面上数字的堆砌，更是对公司经营状况的直观反映。

在“财务守护者”团队中，梁振东还见识到了会计工作的多样性和专业性。有的同事负责税务申报，确保公司按时缴纳税款，避免税务风险；有的同事负责财务分析，通过对数据的深入挖掘，为公司提供有价值的经营建议；还有的同事专注于成本控制，努力为公司节省每一笔不必要的开支。

有一次，公司因为一笔大额订单的延误，资金链紧张。这时，“财务守护者”团队迅速行动起来，他们通过对账目的细致分析，找到了可以优化的成本项，并通过与供应商的协商，争取到了更优惠的付款条件。最终，在他们的共同努力下，公司成功渡过了难关。

这次经历让梁振东深刻体会到了会计工作的重要性和价值。他意识到，作为一名会计人员，不仅要具备扎实的专业技能，还要具备敏锐的商业洞察力，更要具有会计职业素养，能够及时发现并解决公司财务方面的问题。

从此以后，梁振东更加努力地学习和工作，他希望能够成为“财务守护者”团队中的一名佼佼者，为公司的繁荣发展贡献自己的力量。

# 第一节　财务智囊团——会计机构和人员

## 一、会计机构

会计机构是各单位办理会计业务的职能部门。建立健全会计机构，是做好会计工作，充分发挥会计职能作用的重要保证。

### （一）会计机构的设置要求

根据《中华人民共和国会计法》和财政部《会计基础工作规范》（2019年修订）的规定，各单位应当根据业务的需要设置会计机构。

对于不具备单独设置会计机构条件的单位，如财务收支数额很小、会计业务很简单的企业，应当配备专职会计人员。只配备专职会计人员的单位也必须具有健全的财务会计制度和严格的财务手续，并应当在专职会计人员中指定会计主管人员。

### （二）会计岗位设置

各单位应当根据会计业务需要在会计机构内设置会计岗位。会计岗位一般可分为会计机构负责人或者会计主管人员、出纳、财产物资核算、工资核算、成本费用核算、财务成果核算、资金核算、往来结算、总账报表、稽核、档案管理等。开展会计电算化和管理会计的单位，可以根据需要设置相应会计岗位，也可以与其他工作岗位相结合。

会计岗位，可以一人一岗、一人多岗或者一岗多人。但出纳人员不得兼管稽核、会计档案保管，以及收入、费用、债权债务账目的登记工作。

会计人员的工作岗位应当有计划地进行轮换。

单位领导人的直系亲属不得担任本单位的会计机构负责人、会计主管人员。会计机构负责人、会计主管人员的直系亲属不得在本单位会计机构中担任出纳工作。

**（三）代理记账**

《中华人民共和国会计法》规定，没有设置会计机构和配备会计人员的单位，应当委托经批准设立从事会计代理记账业务的中介机构代理记账。代理记账是指依法取得代理记账资格的代理记账机构接受委托办理会计业务。按照财政部2016年发布的《代理记账管理办法》，代理记账机构可以接受委托办理下列业务：根据委托人提供的原始凭证和其他相关资料，按照国家统一的会计制度的规定进行会计核算，包括审核原始凭证、填制记账凭证、登记会计账簿、编制财务报告等；对外提供财务报告；向税务机关提供税务资料；委托人委托的其他会计业务。《代理记账管理办法》还对代理记账资格、代理记账委托人和代理记账机构的义务、对代理记账机构及其从事代理记账业务情况的监督检查等作出了规定。

## 二、会计人员

**（一）会计人员**

会计人员是指根据《中华人民共和国会计法》的规定，在国家机关、社会团体、企业、事业单位和其他组织（以下统称“单位”）中从事会计核算、实行会计监督等会计工作的人员。

会计人员包括从事下列具体会计工作的人员：出纳；稽核；资产、负债和所有者权益（净资产）的核算；收入、费用（支出）的核算；财务成果（政府预算执行结果）的核算；财务报告（决算报告）编制；会计监督；会计机构内会计档案管理；其他会计工作。担任单位会计机构负责人（会计主管人员）、总会计师的人员，属于会计人员。

**（二）会计人员的任职要求**

会计是单位中一项重要的管理工作，担任会计工作的人员应当符合一定的要求。按照财政部2018年12月6日发布的《会计人员管理办法》，会计人员从事会计工作，应当符合下列要求：

（1）遵守《中华人民共和国会计法》和国家统一的会计制度等法律法规；

（2）具备良好的职业道德；

（3）按照国家有关规定参加继续教育；

（4）具备从事会计工作所需要的专业能力。

会计人员应当具有会计类专业知识，基本掌握会计基础知识和业务技能，能够独立处理基本会计业务，具备从事会计工作所需要的专业能力。

因发生与会计职务有关的违法行为被依法追究刑事责任的人员，单位不得任用（聘用）其从事会计工作。因违反《中华人民共和国会计法》有关规定受到行政处罚5年内不得从事会计工作的人员，处罚期届满前，单位不得任用（聘用）其从事会计工作。

### 小知识

**财务部设置的岗位以及干活的人的头衔**

会计和出纳是财务部最基本的配置。小公司的出纳常由老板娘、老板家的亲戚或行政人员兼任，会计则通过招兼职或找代理记账公司解决。稍微大点的公司，可以设置正式的会计和出纳。

无论企业大小，出纳和会计不得由同一人兼任，以达到互相监督和控制的目的。

大公司的经济业务复杂，财务分工更精细，相应地就有财务部的头儿，也就是常说的财务负责人，小一点的公司叫财务主管或会计主管，稍大一点的公司叫财务经理、财务总监、首席财务官（CFO）等。

头头们下面常有一帮“兵”，包括出纳、工资会计、成本会计、材料会计、销售会计、税务会计、固定资产会计、总账会计、合并报表会计等。从岗位的名称可猜测这些岗位人员所负责的内容，不过不要一概而论，可能一样的岗位名称，在不同的公司实际负责的工作有一定区别。

**注意！**

公司可以没有财务部门，但必须要有财务负责人。

老板可以兼任财务负责人。

# 第二节　财务灯塔——会计人员的职业道德

## 一、会计职业道德

会计职业道德是指在会计职业活动中应当遵循的、体现会计职业特征的、调整会计职业关系的职业行为准则和规范。

会计职业道德作为社会道德体系的重要组成部分，既吸纳社会道德规范的一般要求，如爱岗敬业、诚实守信，又突出会计职业特征，如客观公正、坚持准则。

会计人员在工作中应当遵守职业道德，树立良好的职业品质、严谨的工作作风，严守工作纪律，努力提高工作效率和工作质量。会计人员应当做到：

（1）热爱本职工作，努力钻研业务，使自己的知识和技能适应所从事工作的要求。

（2）熟悉财经法律法规、规章和国家统一的会计制度，并结合会计工作进行广泛宣传。

（3）按照会计法律法规和国家统一的会计制度规定的程序和要求进行会计工作，保证所提供的会计信息合法、真实、准确、及时、完整。

（4）办理会计事务实事求是、客观公正。

（5）熟悉本单位的生产经营和业务管理情况，运用掌握的会计信息和会计方法，为改善单位内部管理、提高经济效益服务。

（6）保守本单位的商业秘密。

## 二、会计职业道德规范

会计职业道德规范是指在一定社会经济条件下，对会计职业行为及职业活动的系统要求或明确规定，是职业道德在会计职业行为和会计职业活动中的具体表现。根据我国会计工作、会计人员的实际情况，结合《新时代公民道德建设实施纲要》和国际上会计职业道德的一般要求，我国会计职业道德规范的主要内容包括：爱岗敬业、诚实守信、廉洁自律、客观公正、坚持准则、提高技能、参与管理、强化服务8个方面。

### （一）爱岗敬业

爱岗敬业要求会计人员热爱会计工作，安心于本职岗位，忠于职守，尽心尽力，尽职尽责。爱岗就是会计人员热爱自己的会计岗位，安心于本职岗位，恪尽职守地做好本职工作。敬业就是会计人员应该充分认识本职工作在社会经济活动中的地位和作用，充分认识本职工作的社会意义和道德价值，具有会计职业的荣誉感和自豪感，在职业活动中具有高度的劳动热情和创造性，以强烈的事业心、责任感从事会计工作。

爱岗敬业指的是忠于职守的事业精神，是会计职业道德的基础。爱岗和敬业互为前提，相互支持，相辅相成。爱岗是敬业的基石，敬业是爱岗的升华。

**（二）诚实守信**

诚实守信要求会计人员做老实人，说老实话，办老实事，执业谨慎，信誉至上，不为利益所诱惑，不弄虚作假，不泄露秘密。诚实是指言行跟内心思想一致，不弄虚作假，不欺上瞒下，做老实人，说老实话，办老实事。守信就是遵守自己所作出的承诺，讲信用，重信用，信守诺言，保守秘密。

诚实守信是做人的基本准则，是人们在古往今来的交往中产生的最根本的道德规范，也是会计职业道德的精髓。

小知识

中国现代会计学之父潘序伦先生认为，“诚信”是会计职业道德的重要内容。他终身倡导“信以立志，信以守身，信以处事，信以待人，毋忘‘立信’，当必有成”，并将其作为立信会计学校的校训。为突显并倡导会计职业的诚信，潘序伦先生一生的实业，皆冠之以“立信”，如立信会计师事务所、立信会计学校、立信会计出版社。

人无信不立，国无信不强。在现代市场经济中，“诚信”尤为重要。市场经济是“信用经济”“契约经济”，注重的就是“诚实守信”。可以说，信用是维护市场经济步入良性发展轨道的前提和基础，是市场经济赖以生存的基石。朱镕基同志在2001年视察北京国家会计学院时，为北京国家会计学院题词：“诚信为本，操守为重，坚持准则，不做假账。”这是对广大会计人员和注册会计师最基本的要求。

**（三）廉洁自律**

廉洁自律要求会计人员公私分明，不贪不占，遵纪守法，清正廉洁。廉洁就是不贪污钱财，不收受贿赂，保持清白。自律是指自律主体按照一定的标准，自己约束自己、自己控制自己的言行和思想的过程。

廉洁自律是会计职业道德的前提，也是会计职业道德的内在要求，这是会计工作的特点决定的。会计人员的廉洁是自律的基础，而自律是廉洁的保证。自律性不强就很难做到廉洁，不廉洁就谈不上自律。

**（四）客观公正**

客观公正要求会计人员端正态度，依法办事，实事求是，不偏不倚，保持应有的独立性。客观是指按事物的本来面目去反映，不掺杂个人的主观意愿，也不为他人意见所左右。公正就是平等、公平、正直，没有偏私。

客观公正是会计职业道德所追求的理想目标。客观是公正的基础，公正是客观的反映。要达到公正，仅仅做到客观是不够的。公正不仅仅单指诚实、真实、可靠，还包括在真实、可靠中作出公正选择。这种选择建立在客观的基础之上。是否公平、合理，既取决于客观的选择标准，又取决于选择者的道德品质和职业态度。

**（五）坚持准则**

坚持准则是指会计人员在处理业务的过程中，要严格按照会计法律制度办事，不为主观或他人意志所左右。这里所说的“准则”不仅指会计准则，而且包括会计法律、法规、国家统一的会计制度以及与会计工作相关的法律制度。

坚持准则是会计职业道德的核心。会计人员在进行核算和监督的过程中，只有坚持准则，才能以准则作为自己的行动指南。在发生道德冲突时，应坚持准则，以维护国家利益、社会公众利益和正常的经济秩序。

**（六）提高技能**

提高技能要求会计人员通过学习、培训和实践等途径，持续提高会计职业技能，以达到和维持足够的专业胜任能力。会计人员是会计工作的主体，会计工作质量的好坏，一方面受会计人员职业技能水平的影响，另一方面受会计人员道德品行的影响。

会计人员的职业技能水平是会计人员职业道德水平的保证。就会计职业而言，职业技能包括会计理论水平、会计实务操作能力、职业判断能力、自动更新知识的能力、提供会计信息的能力、沟通交流能力以及职业经验等。遵守会计职业道德客观上需要不断提高会计职业技能。

**（七）参与管理**

参与管理，简单地讲就是间接参加管理活动，给管理者当参谋，为管理活动服务。参与管理要求会计人员积极主动地向单位领导反映本单位的财务、经营状况及存在的问题，主动提出合理化建议，积极地参与市场调研和预测，参与决策方案的制定和选择，参与决策的执行、检查和监督，为领导的经营管理和决策活动当好助手和参谋。会计人员特别是会计部门的负责人必须强化自己参与管理、当好参谋的角色意识和责任意识。

**（八）强化服务**

强化服务要求会计人员具有文明的服务态度、强烈的服务意识和优良的服务质量。

会计工作虽不能说是窗口行业，但其涉及面广，又往往需要服务对象和其他部门的协作及配合，而且政策性很强，在工作交往和处理业务的过程中，容易同其他部门及服务对象发生利益冲突或意见分歧。这就要求会计人员不仅要有热情、耐心、诚恳的工作态度，待人平等、礼貌，而且遇到问题要以商量的口吻，充分尊重服务对象和其他部门的意见，做到大事讲原则，小事讲风格，沟通讲策略，用语讲准确，建议看场合。

强化服务的结果，就是奉献社会。任何职业的利益、职业劳动者个人的利益都必须服从社会的利益、国家的利益。如果说爱岗敬业是职业道德的出发点，那么，强化服务、奉献社会就是职业道德的归宿点。

## 第三节　财务幻影——会计舞弊

近些年来，随着市场经济的发展，人们的物质利益观念普遍得到了加强，但与此同时有些企业的会计人员的法治观念和道德意识逐渐丧失，特别是部分会计人员，长期掌管单位财政大权，为了追求金钱和权力，不惜违反职业道德，编造虚假会计信息，甚至走上违法犯罪的道路，给国家和单位造成了损失。

### 一、会计舞弊的概念

会计舞弊是指行为人以获取不正当利益为目的，有计划、有针对性和有目的地故意违背真实性原则，违反国家法律法规、政策、规章制度，导致会计信息失真的行为。所以，会计舞弊又称为会计失真。这种行为通常涉及对会计资料或财务报表的不实记录或故意误导，以掩盖真实的财务状况或经营成果。

## 二、会计舞弊的内容

会计舞弊的内容涵盖了多个方面，主要包括：

（1）贪污公款或公物：利用职务之便，侵吞、盗窃、骗取或者采用其他方法非法占有公有款项或物品。

（2）挪用资金：将具有特定用途的资金私自或违法挪作其他用途，如挪用公款进行个人投资、消费。

（3）偷骗税款：通过处理账务等手段以达到少缴税款的目的，损害国家利益。

（4）转移财产：将单位账簿中已作记录的财产转于账外，造成财产流失。

（5）调节财务：在单位的会计资料中进行一些不合法的技术处理，以达到掩盖真实财务状况或调节利润的目的。

## 三、会计舞弊手段

会计舞弊的手段多种多样，且随着技术的发展而不断演变，主要包括但不限于以下几种：

### （一）收入舞弊

（1）隐瞒收入：收到现金收入时不开具收款收据或发票，或将相关票据撕毁，以隐瞒收入。

（2）虚增收入：通过虚构销售业务、提前确认收入等方式虚增收入。

（3）扩大销售核算范围：将非营业收入虚构为营业收入。

### （二）支出舞弊

（1）虚列支出：如虚列职工薪酬，将虚列支出的现金占为个人所有。

（2）涂改原始凭证金额：涂改原始单据的金额，将差额收入个人。

（3）利用假复写贪污：利用假复写的方法贪污现金差额。

### （三）资产舞弊

（1）货币资金舞弊：如私自提现、公款私存、挪用公款。

（2）存货舞弊：虚报存货损失、监守自盗、以次充好等。

（3）固定资产舞弊：低价出售固定资产、处置固定资产收入不入账等。

### （四）会计账簿舞弊

（1）非法设置账簿，不按规定登账、过账、对账和结账。

（2）涂改账目、恶意改账、做假账、不正当挂账、业务不入账等。

### （五）会计报表舞弊

（1）报表编制缺乏账簿基础，不真实。

（2）增加或减少报表内容，编制合并报表弄虚作假。

**（六）利用计算机舞弊**

随着会计电算化的普及，出现盗用计算机密码暗藏计算机程序，扰乱计算机命令等会计舞弊手段。

**（七）其他舞弊手段**

（1）债务重组、非货币性资产交换等交易中的利润操纵。

（2）利用公允价值调节利润。

（3）虚构应收账款、长期挂账等应收及预付账款舞弊。

会计舞弊一旦发生，往往导致企业财产受损、国有资产流失、国家税收流失等经济后果。会计舞弊行为不仅违反了我国的相关法律法规，对财务信息的使用者产生了误导，还会破坏市场的公平交易原则，直接侵犯了国家和有关方的利益，扰乱了社会经济秩序，是一种严重的违法、违纪行为。

根据我国会计法和刑法相关规定，会计舞弊行为不仅可能受到行政处罚，如罚款和撤职，还可能触犯刑法，面临刑事责任的追究。我国刑法规定，提供虚假财务会计报告的，对公司直接负责的主管人员和其他直接责任人员，判处有期徒刑或者拘役，并处或单处罚金。

因此，对于会计舞弊行为，必须采取严厉的打击和防范措施。

## 四、防范会计舞弊行为的措施

**（一）完善会计准则与制度**

（1）制定严格的财务管理制度和流程，确保财务活动的合法合规性，包括明确会计人员的职责权限、规范财务审批流程。

（2）完善会计制度和会计准则。会计准则的制定应具有超前性，对未来经济行为和会计环境的变化有较科学的分析和预测，尽量避免会计处理中“无法可依”的现象。同时，要随着经济的发展和会计实践的变化不断更新和完善会计准则，提高会计信息的可比性。

**（二）加强内部控制**

（1）建立内部控制体系。构建单位内部会计控制体系是防范会计舞弊的有效措施。要明确内部会计控制目标，营造内部会计控制环境，有效使用内部会计控制方法。

（2）实施定期审计与检查。通过内部审计和外部审计相结合的方式，对公司的财务活动进行定期检查和审计，确保财务数据的真实性和准确性。

（3）加强内部监督。设立内部审计部门或委员会，对公司财务活动进行独立监督和评价，确保内部控制的有效性。

**（三）提升会计人员素质**

（1）加强专业技能培训。定期对会计人员进行专业技能培训，提高其业务水平和职业素养，使其能够准确理解和执行财务法规、规章制度和内部控制要求。

（2）加强职业道德教育。通过宣传教育、案例分析等方式，加强会计人员的职业道德教育，培养诚信意识，使其能够自觉抵制会计舞弊行为。

**（四）强化外部监管与法律约束**

（1）积极配合政府监管。企业应积极配合政府监管部门的检查和审计，如实提供财务资料和信息。对于监管部门发现的问题和提出的整改意见，要认真对待并及时整改。

（2）严格执法。政府部门应加大对会计舞弊行为的处罚力度，对涉嫌犯罪的行为要及时向司法机关报案并配合调查，以儆效尤。

**（五）利用科技手段提高防范能力**

（1）利用大数据、人工智能等技术，对公司的财务数据进行实时监测和分析，及时发现异常数据和可疑交易，提高财务造假的发现和防范能力。

（2）建立财务信息共享平台，加强部门之间的信息沟通和协作，确保财务数据的真实性和完整性，降低财务造假的风险。

防范会计舞弊需要企业、政府、会计人员和社会各界共同努力，形成合力，共同构建一个诚信、透明、规范的财务环境。企业和个人应严格遵守相关法律法规，确保财务信息的真实性和准确性，保证企业会计工作在合理合法的环境下有序进行。

## 小知识

**朱镕基题写“不做假账”**

朱镕基总理在多个场合强调诚信在会计行业中的重要性，并特别关注会计职业道德建设。他深知假账的危害性，因此为上海国家会计学院、北京国家会计学院和厦门国家会计学院题写了“不做假账”的校训，以此强调诚信为本、不做假账的原则。

朱镕基总理把会计师事务所和会计人员做假账、出具虚假财务报告的行为称作严重危害市场经济秩序的一个“毒瘤”；指出贪污受贿、偷税漏税、挪用公款等经济违法犯罪活动，以及大量腐败现象，几乎都与财会人员做假账分不开。“市场经济的基础是信用文化，一个没有信用文化的国家怎么能建立市场经济呢?”他指出，真实而可靠的会计信息是企业科学管理和政府宏观经济决策的依据。虚假的会计信息必然会造成决策失误，经济秩序混乱。国有企业改革要获得成功，必须加强经营管理特别是财务管理。要从根本上解决这个问题，必须在强化法制、严格管理的同时，加强会计从业人员特别是注册会计师队伍的建设。朱镕基总理明确要求，所有国有大中型企业、金融机构的财务主管，都必须到国家会计学院接受培训，达到合格要求才能上任。

“不做假账”这4个字凝聚了朱镕基总理对会计行业的殷切希望和要求。它意味着会计人员必须坚守诚信底线，不制造、不提供虚假会计信息，保持职业操守和道德风尚。

“不做假账”不仅成了会计行业的座右铭，还激励着一代又一代的会计人员秉持诚信原则，恪尽职守，为社会经济的健康发展贡献力量。这一题词的力量和意义，远远超出了会计领域，成为一个具有广泛社会影响的正能量符号。

## 小课堂

### 会计舞弊案

康×药业股份有限公司（以下简称“康×药业”）曾是中国A股市场上的一家知名医药企业，主要从事中药饮片、化学原料药及制剂等的研发、生产和销售。然而，在2018年12月，康×药业突然发布公告，承认公司存在财务造假行为，引发了市场的广泛关注和投资者的强烈反响。

一、财务造假动因分析

其一，压力。康×药业财务造假的压力来自维持股价或融资的需求。维持股价是其财务造假最直接的利益驱使，通过粉饰财报，维持一个比较满意的股价水平，从而使企业持股的高管、员工减持能获取不错的收益。还可以维持公司较大的融资需求，包括股权融资、债权融资，或者股票质押融资。

其二，机会。马某为康×药业董事长、总经理、实际控制人，许某为副董事长、常务副总经理，且二人为夫妻关系，康×药业的其他大股东也有其家族成员，公司董事与管理层职务兼容使得董事会的职能丧失，无法对管理层进行制约，公司内控制度无法得到有效的监管，这无疑为财务造假提供了巨大便利，降低了掩饰舞弊行为的难度。

其三，借口。康X药业早期的财务情况已经屡遭质疑，但没有确凿的证据，直至在披露2018年年度报告之时，康X药业更正了前期出现的会计差错。他们称2018年之前营业收入、营业成本、费用及款项收付方面存在账实不符的情况，以“核算账户资金时存在错误”为由，让299亿元现金蒸发消失，引发市场哗然。康X药业为掩饰自己的舞弊行为，企图用这种漏洞百出的借口蒙混过关。

二、财务造假手段分析

其一，业绩造假。业绩造假一般为了虚增利润，而虚增利润则体现为利润表上净利润的虚增。根据会计恒等式，资产等于负债加所有者权益，若转入所有者权益未分配利润科目的净利润增加，则等式上对应着资产增加或负债减少，由于难度问题，虚增利润就成了财务造假最常用的手段。比如2019年8月16日晚，证监会公布了康X药业财务造假事件的调查结果，康X药业在2016—2018年年度报告中虚增营业收入291.28亿元、利息收入5.10亿元、营业利润41.01亿元。

其二，资金流造假。资金流造假一般是通过虚假现金交易、变造资金交易凭证以及伪造资金循环3种方式。在康X药业造假案中，使用的就是第二种方式——变造资金交易凭证，通过篡改伪造银行收付交易回单、对账单等，达成资金流造假的目的。这种舞弊方式操作成本低，变造的凭证作为第三方证据，证明效力更强。康X药业财务造假案中，康X药业就是通过财务不记账、虚假记账，伪造、变造大额定期存单或银行对账单，配合营业收入造假伪造销售回款等方式，在2016—2018年上半年，分别虚增货币资金225.49亿元、299.44亿元和361.88亿元，共计886.81亿元。

2019年4月底，康X药业披露2018年公司年报，表示由于公司会计处理存在错误，公司应收账款少计6.41亿元，存货少计195.46亿元，在建工程少计6.32亿元；由于公司核算账户资金时存在错误，货币资金多计299.44亿元。康X药业企图借口会计错误蒙混过关，但显然这种行为破绽百出。2019年8月底，证监会披露立案调查结果：康X药业3年虚增收入206亿元，虚增利润20.72亿元，虚构362亿元货币资金，虚增固定资产、在建工程、投资性房地产36.05亿元，坐实了康X药业300亿元的财务造假。而进一步的调查显示，这还只是冰山一角。

三、案件处理与后果

康X药业的财务造假行为严重损害了市场的公平性和透明度，导致投资者对公司的信任度大幅下降。同时，该事件也引发了市场对上市公司财务真实性的广泛质疑和担忧。康X药业的财务造假行为被揭露后，公司股价大幅下跌，导致大量投资者遭受了巨大的经济损失。

监管机构处罚：中国证监会等监管机构对康X药业进行了立案调查，康X药业及其相关责任人受到法律制裁。马X等高管因操纵证券市场罪、违规披露重要信息罪等罪名被判处有期徒刑，并处罚金。同时，广州市中级人民法院判决康X药业等相关被告承担投资者损失，总金额达24.59亿元，这是我国证券史上判决赔付金额最高的案件之一。审计机构广东正中珠江会计师事务所因未实施基本审计程序而被判承担连带责任，显示了监管机构对中介机构勤勉尽责要求的加强。该案的处理结果体现了法律对会计舞弊行为的严厉打击，以及对投资者权益的保护。

康X药业财务造假案是一起严重的会计舞弊事件，给市场带来了深刻的教训和启示。上市公司、监管机构和投资者都应从中汲取教训，加强内部控制、提高透明度、加大监管力度和投资者保护力度等方面的工作，共同维护市场的公平性和稳定性。

## 本章学习思考

### 重点概念

会计机构　会计人员　会计职业道德　会计舞弊　会计舞弊手段

### 练习题

#### 一、单项选择题

1. 下列各项中，属于会计法的是（　　）。

A.《企业会计制度》　　B.《中华人民共和国会计法》

C.《企业会计准则——基本准则》　　D.《总会计师条例》

2. 在那些规模小、会计业务少的单位，可以（　　）。

A. 单独设置会计机构

B. 在其他有关机构配备专职会计人员

C. 不设置会计机构和会计人员

D. 由单位负责人兼任会计人员

3. 下列属于会计人员职业道德规范的内容的是（　　）。

A. 爱岗敬业　　B. 注重仪表　　C. 尊老爱幼　　D. 提高效益

## 拓展思考

1. 分析会计机构从传统的记账核算向现代财务管理、决策支持转变的过程，探讨其在新时代背景下（如数字化转型、大数据应用）的新角色和新挑战。

2. 如何通过完善法律法规、加大监管力度等措施，从根本上预防和治理会计舞弊？

# 参考文献

[1] 钟小灵．一看就懂的会计入门书[M]．北京：机械工业出版社，2021．

[2] 肖星．一本书读懂财报[M]．杭州：浙江大学出版社，2014．

[3] 杨克智．会计故事会[M]．北京：经济科学出版社，2022．

[4] 周华，马永强，刘浩．会计实务专题[M]．北京：国家开放大学出版社，2023．

[5] 达雷尔·穆利斯，朱迪丝·奥洛夫．世界上最简单的会计书[M]．黄屹，译．北京：机械工业出版社，2021．

[6] 付磊．基础会计：第4版[M]．北京：国家开放大学出版社，2021．